AF313512

COLLECTION D'AVENTURES
ABONNEMENTS
UN AN : PARIS, DÉPARTEMENTS 22 FR.; ÉTRANGER 29 FR.; Compte chèque postal 259-10.

LES MYSTÈRES DE LA MER DE CORAIL

LE SECRET DE WUNG-HI

PAR

JOSÉ MOSELLI

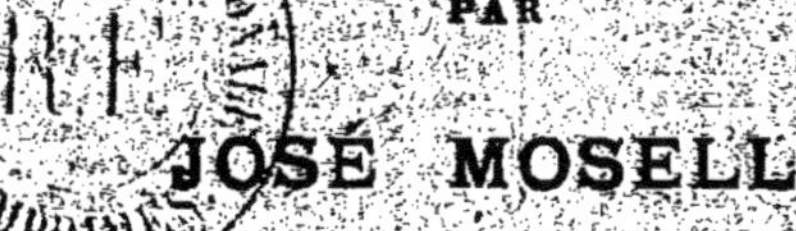

PARIS

ÉDITION DE LA COLLECTION D'AVENTURES
3, RUE DE ROCROY, 3

Collection d'Aventures

Le volume : 45 centimes.

TITRES DES VOLUMES PARUS

Tous ces volumes sont expédiés *franco* à domicile sur demande accompagnée d'un mandat et adressée à l'Administration, 3, rue de Rocroy, Paris (Xe). Ajoutez au prix de chaque volume **15** centimes pour le port.

(Voir la suite sur la couverture, page extérieure.)

Le Secret de Wung-Hi

François Bontemps, un jeune Français résidant à Montevideo, a été embarqué par ruse à bord du trois-mâts américain Comet que commande le brutal capitaine Krapfl. La Comet jette l'ancre devant l'île des Etats, près du cap Horn. Krapfl descend à terre avec quelques matelots, dont Bontemps, et ramène un inconnu qu'il est allé chercher dans un souterrain. C'est un certain capitaine Mortimer. Au cours d'un duel à l'américaine, François Bontemps et le mousse Barnaby Cringle interviennent. En compagnie de Mortimer et de quatre matelots, ils fuient dans la baleinière que Krapfl se dispose à poursuivre. Mortimer explique à Bontemps qu'il a été condamné au bagne à la place de Krapfl.

CHAPITRE PREMIER

PRÉPARATIFS DE DÉPART

Le capitaine Mortimer s'interrompit pour regarder l'océan.

— Nous allons avoir une tempête ! murmura-t-il, bien que François n'aperçût aucun signe permettant d'émettre une pareille prévision.

Le vent, au contraire, paraissait se calmer ; le ciel était clair et étoilé et les vagues diminuaient de force et d'intensité. Mais, sans insister, Mortimer reprit :

— Vous êtes un homme, Bontemps, bien qu'un peu mou encore ! Vous n'avez pas l'habitude de la bataille, mais le cœur y est. Vous l'avez montré en intervenant et en me sauvant la vie au moment où Berein a tenté de m'assassiner avec son épissoir, de connivence avec Krapfl. J'aurais dû m'y attendre, d'ailleurs. Laissons cela. Je vous fais ces confidences dans un tout autre but. La lutte que je veux entamer contre Krapfl sera rude. Votre concours me sera précieux : les cœurs solides sont rares à notre époque. Et je ne crois pas me tromper en comptant sur vous !

— Et vous avez raison, capitaine, s'écria François Bontemps, ému. Je vous aiderai à châtier ce misérable !

— Attendez. Sachez de quoi il s'agit ! La lutte sera plus rude que vous ne le pensez ! Ecoutez.

« Il y de cela un peu plus de dix ans, je commandais le trois-mâts américain *Rainbow*. Krapfl était mon premier officier. Nous nous trouvions un soir dans une taverne de Rangoon, en Birmanie anglaise, où nous étions venus prendre un chargement de riz, lorsqu'un Chinois loqueteux, après nous avoir épiés pendant plusieurs minutes, et nous avoir certainement écoutés, s'approcha de nous et, sans façon, vint s'asseoir auprès de Krapfl. Celui-ci, qui était aussi brutal qu'à présent, allait chasser le Céleste, lorsque j'intervins et demandai au porteur de tresse ce qu'il désirait. Le Chinois jeta autour de lui un regard cauteleux. Il était plus de deux heures du matin. Nous étions seuls dans la taverne. Notre Chinois, rassuré, commença à voix basse, en s'exprimant en *pidgin-english* (sorte de patois fait de français, d'anglais et de malais en usage en Extrême-Orient) :

« — Moi, Wung-Hi, bon cuisinier ! Moi connais bonne affaire ! Bonne, bonne ! *Plentee muchee good !*

« J'allais rembarrer le Céleste, croyant qu'il allait me proposer quelque affaire de contrebande d'opium, mais je fus aussitôt détrompé.

« Wung-Hi m'apprit qu'il se trouvait à Rangoon sans emploi, et que sa dernière place avait été à bord d'une goélette pratiquant le commerce dans le Pacifique. Cette goélette, la *Malaïta*, appartenait à un armateur de San-Francisco, M. Jonathan Maxwell. Le capitaine était un certain Billy Jimpson, dont j'avais déjà entendu parler et pas en bien. Donc, Wung-Hi, après toutes sortes de précautions oratoires, nous raconta que la *Malaïta*, alors qu'elle se trouvait devant une baie d'une des îles Salomon ou Nouvelles-Hébrides — Wung-Hi ne put ou ne voulut préciser — fut attaquée par les Cannibales, saccagée et brûlée. L'équipage de Canaques qui se trouvait à bord fut massacré. Seuls, Billy Jimpson et Wung-Hi, après un terrible combat, réussirent à s'enfuir à bord du canot automobile de la *Malaïta*. Jimpson était blessé. Pourtant, il réussit à conduire l'embarcation jusqu'à Suva, la capitale des îles Fidji, où on dut le porter à l'hôpital.

« Quelques jours plus tard, Jimpson fit appeler Wung-Hi à son chevet et lui remit une petite cartouche de cuivre dont la balle avait été retirée et remplacée par un bloc de cire noire portant l'empreinte d'un cachet. Billy Jimpson, qui était au plus mal, remit la cartouche au Chinois en lui recommandant de l'apporter à son associé Maxwell, à Frisco, moyennant quoi, Maxwell lui remettrait, en plus de ses gages, une magnifique récompense.

« Mais, d'après ce qu'il nous dit, Wung-Hi n'avait nulle confiance ni en Jimpson, ni en Maxwell qu'il considérait comme deux coquins. Et, de plus, par certaines conversations qu'il avait entendues à bord de la *Malaïta*, il inclinait à croire que la cartouche contenait des renseignements au sujet d'un énorme trésor gisant dans une île...

« Donc, Wung-Hi, sitôt Jimpson mort — car Jimpson mourut le lendemain de la visite du Chinois — Wung-Hi, sans scrupule, descella froidement la cartouche... et y trouva un morceau d'os humain, couvert de lettres sans aucune signification. Il pensa que cet os bizarre devait avoir de la valeur, bien qu'il ne pût personnellement rien en tirer, et se proposa de le vendre. C'est dans ce but qu'il était venu vers moi et Krapfl. J'oublie de vous dire que Wung, en me remettant la cartouche, affirma ne l'avoir pas ouverte. De fait, il avait assez adroitement remis en place le tampon de cire qui la fermait. Nous ne fûmes pas dupes, pourtant.

« — L'affaire est intéressante ! fit Krapfl.

« — Elle ne peut l'être que pour Jonathan Maxwell, répondis-je. Cet objet lui est destiné et le Chinois n'a pas plus le droit de nous le vendre que nous de l'acheter. »

« Sur quoi, sans vouloir en entendre davantage, je congédiai mon Chinois et ne parlai plus de l'affaire malgré le désir évident de Krapfl.

« Nous partîmes de Rangoon quatre jours plus tard. En mer, étant passé devant la cuisine, que vis-je ? Wung-Hi installé devant le fourneau.

« Sur une demande d'explications, Krapfl, d'un ton embarrassé, me déclara que l'ancien cuisinier avait déserté et qu'il l'avait remplacé par Wung-Hi. Je flairai quelque chose de louche et résolus de surveiller Krapfl et le Chinois.

« Notre chargement était pour Buenos-Aires. Un peu avant de passer le cap de Bonne-Espérance, un soir de gros temps, j'entendis un cri partir du côté de la cuisine. Je me précipitai pour aller voir, et près de l'échelle de la dunette, je me heurtai à Krapfl. Il fit un mouvement pour m'éviter ; le roulis, très violent, faillit le faire tomber. Il étendit la main pour s'accrocher à un palan, et, instinctivement, ouvrit les doigts. Un tube de cuivre — la cartouche du Chinois ! — en tomba et roula sur le pont. Krapfl se précipita pour la rattraper. Je fus plus agile que lui et m'en emparai.

« — Donnez-la-moi... gronda Krapfl. Je...

« En un éclair, je compris tout :

« — Vous venez de jeter le Chinois par-dessus bord, hein ? dis-je en regardant mon homme dans les yeux.

« — Moi ? Non !... Je ne... Ce n'est pas moi ! bafouilla Krapfl d'une voix mal assurée.

« Je ne lui répondis pas. Malgré le mauvais temps, je fis mettre en panne et amener une embarcation qui, deux heures durant, chercha le malheureux Wung-Hi (lequel avait effectivement disparu). Ce fut en vain. Il ne fut pas retrouvé. La mer était grosse et les requins abondant dans ces parages, je ne doutai pas que le Chinois n'eût été dévoré.

« Pendant tout le reste de la traver-sée, Krapfl ne me parla plus ni du Céleste, ni de la cartouche.

« Seulement, à Buenos-Aires, un matin, un matelot allemand de notre équipage, bandit de la pire espèce avec lequel j'avais eu plusieurs fois maille à partir, fut trouvé poignardé dans la soute à voiles. Or, cette nuit-là, j'étais resté seul à bord... Les autorités firent une enquête. Elle aboutit à la découverte d'un couteau ensanglanté, caché dans le capitonnage du divan de ma cabine. Et, dans le soufflage de bois de la cloison, l'on trouva une de mes chemises qui portait des traces de sang !

« Ainsi tout m'accusait. Je fus arrêté. Seul, Krapfl me défendit, mais il le fit de telle façon que ma culpabilité en parut plus certaine.

« Moi, je ne me doutais pas du tout d'où venait le coup. D'autant plus que Krapfl s'occupa de moi, m'écrivit des lettres pleines de protestations de dévouement et poussa l'attachement jusqu'à me procurer un des meilleurs avocats de Buenos-Aires, un fils d'Allemand, entre parenthèses.

« Cet avocat, convaincu de ma culpabilité, me conseilla fortement d'avouer, malgré toutes mes protestations, et, un certain jour, me communiqua une singulière proposition de la part de Krapfl : celui-ci me demandait de lui faire remettre la cartouche ; il chercherait le trésor et, avec la fortune trouvée, il s'emploierait, ou à me faire gracier, ou à me délivrer de prison.

« Pour la première fois, j'eus quelque soupçon. Pourtant, je n'osais croire à tant d'ignominie. Je refusai la proposition, malgré l'insistance de l'avocat. Insistance qui ne me plut pas du tout, et je te laissai voir. La cartouche, en effet, ne m'appartenait pas. Il eût été malhonnête de ma part d'en disposer.

« Ce qui arriva ensuite, vous pouvez vous en douter. Mal défendu par mon avocat, ayant tout contre moi, je fus condamné aux travaux forcés à perpétuité par la cour d'assises de Buenos-Aires et envoyé à l'île des Etats.

« Je restai là dix ans... Il y a plusieurs mois de cela, je reçus la visite de Krapfl, qui avait réussi à s'embaucher comme matelot à bord du navire de guerre chargé du ravitaillement du bagne, le *Rio Santa-Cruz*. Krapfl m'assura de son dévouement et me déclara qu'il n'avait jamais cessé de songer à ma délivrance ; s'il n'était pas venu plus tôt, c'était qu'il avait voulu se procurer l'argent nécessaire à mon évasion !

« Sur ses conseils, je creusai un souterrain aboutissant sous le mur de granit qui entoure le bagne. J'y employai plusieurs mois : la terre, gelée, était dure à travailler. Heureusement qu'on ne nous surveillait que peu...

« Et c'est ce souterrain que vous mîtes à découvert lors de votre débarquement dans l'île. J'en avais fixé l'emplacement avec Krapfl. Naturellement, tous mes soupçons, si j'en avais eu, s'étaient évanouis. Je crus avoir trouvé en Krapfl le plus dévoué et le plus généreux des hommes jusqu'au jour où, à bord de la *Comet*, il me demanda de lui « rendre » la cartouche ! Je compris tout ! Krapfl, après m'avoir fait condamner pour s'emparer de la cartouche, m'avait délivré, croyant que, par reconnaissance, je lui livrerais ce qui n'était ni à moi, ni à lui ! Je refusai. Le résultat fut notre duel qui faillit aboutir à mon assassinat.

« La cartouche, je ne l'ai plus. Avant d'être arrêté, je l'avais ouverte et en avais retiré le contenu. Je réussis facilement à le soustraire à toutes les recherches. Voyez-le ! »

Et le capitaine Mortimer tendit à François Bontemps une mince esquille d'os où des lettres sans signification apparente étaient maladroitement gravées en rouge brun.

— C'est de l'écriture cryptographique, murmura François, après avoir examiné l'objet à la clarté de la lune.

— Oui. Et Jonathan Maxwell doit en connaître la clé. Peu importe d'ailleurs. Sitôt à Frisco, je lui remettrai l'objet en le prévenant des ambitions de Krapfl. Et ce devoir accompli, je m'occuperai à rechercher Krapfl et à retrouver les témoins du drame du *Rainbow* afin de me réhabiliter et de faire condamner le véritable assassin du matelot prussien, lequel assassin ne peut être que Krapfl. J'ai compté sur votre concours, François Bontemps !

— J'espère être digne de votre choix, capitaine ! fit le jeune Français, modestement.

Sans répondre, Mortimer serra la main de François, puis, ayant balayé l'horizon du regard, il ordonna de prendre un ris dans la grande voile. Le temps, en effet, se gâtait rapidement.

CHAPITRE II

LE MYSTÈRE S'ÉPAISSIT

Ainsi qu'il arrive souvent dans le Pacifique sud, la tempête se déchaîna en quelques instants, subitement. De lourds nuages envahirent la voûte étoilée, cependant qu'un vent furieux soulevait les flots. Grâce à la prévoyance du capitaine Mortimer, toutes les dispositions avaient été prises pour que la baleinière ressentît le moins possible les effets de l'ouragan. La surface de la grande voile avait été diminuée de moitié par un ris et les écoutes doublées.

Malgré cela, la légère embarcation courut les plus grands périls. Inclinée au point que son abordage affleurait l'eau noire, tantôt perchée en équilibre à la cime d'une lame, ou bien glissant entre deux montagnes d'eau qui menaçaient de l'engloutir en s'écroulant sur elle, la baleinière, pendant tout le reste de la nuit, vogua à l'aventure.

Mortimer n'avait pas lâché la barre, se préoccupant surtout d'éviter les mauvais coups de mer. François Bontemps, Barnaby Cringle et les quatre matelots anglais, groupés autour de l'unique mât, trempés jusqu'aux os, se tenaient immobiles sans prononcer un mot, leurs yeux alternativement fixés sur la silhouette de Mortimer et sur les masses d'eau menaçant le frêle esquif.

Aux approches du lever du soleil, l'ouragan redoubla d'intensité. Un paquet de mer, soudain, s'abattit sur la malheureuse embarcation qui, sous ce poids, s'arrêta, comme assommée, ne gouvernant plus.

— Défoncez un des barils d'eau douce et servez-vous-en comme « escope » (pelle creuse servant à vider l'eau des canots) ! ordonna Mortimer dont la voix puissante, mais calme, domina les hurlements du vent et de la mer.

Les cinq hommes et le mousse se précipitèrent. Un des barils fut défoncé, vidé et servit à rejeter l'eau emplissant la baleinière. Mais ce remède

apparut vite insuffisant à Mortimer qui, parant au plus pressé, ordonna de jeter à la mer la caisse de biscuits, le baril de lard et les barils d'eau douce à l'exception d'un seul. Allégée, l'embarcation se redressa un peu. François Bontemps et ses compagnons purent tant bien que mal achever de rejeter au dehors l'eau l'emplissant.

La tempête dura pendant toute la journée et ne se calma que dans la soirée. Mais la mer resta très dure.

Mortimer, voulant arriver au plus vite à la côte du Chili, fit rétablir les voiles. Après quoi, il distribua à chacun de ses compagnons un quart d'eau pris dans l'unique baril restant. Il se servit le dernier, sans prendre une goutte de plus que les autres.

Dans la nuit, le vent, peu à peu, tomba. Au jour, ce fut le calme. Un calme absolu. La baleinière, ses voiles pendantes et flasques, se balança doucement à la houle, sans plus avancer d'un centimètre.

Mortimer, bien qu'il comprît évidemment que ce calme pouvait amener sa perte et celle de ses compagnons, garda son impassibilité habituelle. Sur son ordre, la bordée de quart empoigna les avirons ; tirée par Brown, Baker et Barnaby Cringle, l'embarcation, lentement, se traîna vers l'est, vers la côte chilienne.

Quelques biscuits, par bonheur, furent trouvés dans le coffre de la baleinière. Ramollis par l'eau de mer, réduits à l'état de pâte gluante, ils furent pourtant dévorés avidement par nos héros, ce qui leur occasionna une soif ardente. Mortimer leur distribua un demi-quart d'eau douce à chacun, sans faire la moindre observation.

Brown, Baker et Barnaby Cringle,

ramèrent jusque vers minuit. François Bontemps, Smith et Savile les remplacèrent ensuite jusqu'au lever du soleil.

Au jour, tous les yeux se tournèrent vers l'est, dans l'espérance de découvrir la côte chilienne. L'horizon était vide ! Le calme persistait, toujours aussi absolu. Quelques albatros volaient dans le ciel pur, guettant sans doute l'embarcation pour se repaître de ses occupants dès qu'ils n'auraient plus la force de se défendre.

— On pourrait peut-être en attraper un ! murmura Baker en suivant des yeux les gigantesques oiseaux.

Mortimer entendit.

— Nous n'avons pas ce qu'il faut pour cela, mon homme ! dit-il.

— Mais si, captain ! fit Baker en tirant de sa poche une plaque de cuivre triangulaire d'environ douze centimètres de côté, percée elle-même d'une ouverture en forme de triangle aigu.

Un des côtés de la plaque était relié, au moyen d'un fil de fer, à un cube de liège.

— J'avais fabriqué un piège, expliqua Baker, et je l'avais avec moi lorsque vous... vous êtes battu avec le captain Krapfl. Alors, sans le faire exprès, je l'ai gardé...

— Il faudrait un appât, *my man !* fit Mortimer.

— Il est déjà en place, captain ! triompha Baker en tendant la plaque de cuivre vers Mortimer qui, en effet, put constater qu'elle était garnie, à l'intérieur, d'une mince tranche de lard jauni et souillée de tabac.

— Essaie toujours ! dit-il.

Baker, tout heureux, fixa son triangle à une longue drisse à pavillons qui se trouvait dans le coffre de la baleinière et le lança à la mer.

Le triangle, soutenu par le bloc de liège, flotta sur les longues lames vertes.

Baker, debout auprès du mât qu'il embrassait de sa main gauche pour ne pas perdre l'équilibre, attendit, tenant l'extrémité de la drisse dans sa main droite.

— Attention, vous autres ! avertit-il ses compagnons. Vous halerez lorsque je vous le dirai !

Brown, Savile et Smith, vieux routiers des mers du Sud, connaissaient à merveille ce dont il s'agissait. Ils saisirent le bout de la drisse pendant de la main de leur camarade, et se tinrent prêts.

Les albatros — ils étaient une demi-douzaine — avaient aussitôt aperçu le triangle de cuivre et, décrivant de rapides spirales, s'en rapprochaient en piaillant. L'un d'eux, plus hardi que les autres, plongea soudain vers le piège, enfonçant son large bec corné au centre du triangle découpé dans le cuivre, pour s'emparer de la tranche de lard.

— Halez dessus, garçons ! s'écria instantanément Baker, qui, du poignet, imprima une forte secousse au triangle.

Les bords aigus de la plaque de cuivre s'enfoncèrent de chaque côté du bec de l'oiseau. L'albatros, se sentant pris, déploya ses immenses ailes pour faire frein, ce qui n'eut d'autre résultat que de faire pénétrer plus profondément le tranchant de métal dans son bec.

Ensemble, Baker, Savile, Brown, Smith, Barnaby Cringle et François Bontemps tirèrent la corde à eux, halant l'énorme oiseau. L'albatros, affo-

La nuit était proche. Mortimer, par prudence, fit tirer la baleinière à terre.

lé, essaya de s'envoler. Ses vastes ailes — six mètres d'envergure ! — battirent l'air. Et son effort fut si puissant qu'il fit dériver doucement la baleinière. Cependant, les cinq hommes et le mousse tiraient toujours. Lentement, l'oiseau se rapprocha. Lorsqu'il ne fut plus qu'à quelques mètres de la baleinière, Savile et Smith le tuèrent à coups d'aviron.

Sa chair, bien que coriace et d'un goût rance, fut mangée crue par les occupants de la baleinière et leur permit de soutenir leurs forces.

Deux jours durant, ils ramèrent vers l'est. Enfin, un léger vent du sud se leva. Les voiles furent établies et, quelques heures plus tard, les falaises déchiquetées et désolées des îles Chiloé se distinguèrent à l'horizon.

Cette vue rendit des forces aux fugitifs. Les avirons furent remis en place et tout le monde rama.

Ce fut un peu avant le coucher du soleil que la baleinière, poussée par ses voiles et les avirons, s'engagea entre deux îlots rocheux au-dessus desquels volaient des milliers de goélands, de malamochs et de pétrels.

Quelques instants plus tard, l'embarcation, habilement guidée par le capitaine Mortimer, s'échouait sur une petite plage de sable. La nuit était proche. Mortimer, par prudence, fit tirer la baleinière à terre. Retournée, elle servit d'abri aux voyageurs qui, après une nuit de repos, entreprirent dès le lever du soleil d'explorer l'endroit où ils avaient abordé.

Hélas, comme la plupart des Chiloé, l'îlot était désert.

A coups de revolver, Mortimer abattit quelques oiseaux de mer qui furent plumés, rôtis et dévorés sur-le-champ. Le baril fut rempli à un ruisseau voi-

sin, la baleinière remise à l'eau, Mortimer et ses compagnons s'y embarquèrent.

Trois jours durant, ils naviguèrent à l'aventure parmi d'innombrables îlots, jusqu'à ce qu'ils rencontrassent une barque de pêche chilienne. Mortimer, qui parlait couramment l'espagnol, interpella les pêcheurs et apprit ainsi qu'il se trouvait à une vingtaine de milles au sud de la petite ville de Castro.

Vingt milles — trente-huit kilomètres ! — c'est beaucoup pour des hommes épuisés. Cependant, ces vingt milles furent couverts dans l'après-midi, malgré que ne soufflât point le moindre vent.

A Castro, les souffrances de nos héros étaient terminées. Grâce à Mortimer qui possédait quelque argent, ils purent se loger. François Boutemps, immédiatement, télégraphia à Montevideo pour se faire envoyer des fonds. Quatre jours plus tard, il reçut une dépêche du consul de France, l'avisant qu'on l'avait cru mort et qu'une somme de dix mille pesos l'attendait à la *banque Chilena*, à Castro, sur présentations de papiers d'identité. Or, François n'en possédait pas, son portefeuille lui ayant été enlevé à Montevideo.

Mortimer le consola. Lui aussi avait télégraphié à des amis de San-Francisco et venait d'en recevoir un millier de dollars.

Sur ses conseils, François se décida à l'accompagner à Valparaiso où il pourrait plus facilement se faire reconnaître.

La semaine suivante, en effet, Mortimer, François, Barnaby Cringle et les quatre matelots anglais s'embarquaient à bord d'un paquebot côtier qui, en cinq jours, les amena à Valparaiso.

Dans cette ville, François Bontemps eut la chance de rencontrer un employé du consulat de France qu'il avait connu à Montevideo. Le fonctionnaire aplanit toutes les difficultés, et François, enfin rentré en possession de son état civil, put toucher ses fonds.

Le capitaine Mortimer, de son côté, ne perdait pas de temps. Déjà, il avait retenu sa place et celle de ses compagnons sur un navire allant à San-Francisco, les quatre Anglais ayant manifesté le désir de se rendre dans le grand port californien où ils espéraient pouvoir plus facilement se rembarquer.

Après une semaine de séjour à Valparaiso, Mortimer, François Bontemps, Barnaby Cringle et les quatre Anglais quittèrent Valparaiso.

Ils arrivèrent à San-Francisco sans incident. Mortimer dit alors adieu aux matelots anglais, non sans leur avoir donné à chacun un billet de cent dollars en souvenir, affirma-t-il. Quant à Barnaby Cringle, il avait demandé à François Bontemps de rester avec lui, et François, qui s'était pris d'amitié pour le jeune mousse, ne s'était pas senti le courage de refuser.

Deux jours après leur arrivée à San-Francisco, le capitaine Mortimer et François Bontemps, par une belle matinée de printemps, se dirigèrent vers la demeure de l'armateur Jonathan Maxwell. Sa plaque avait disparu du *building* où il habitait. Mortimer ayant demandé au *janitor* (concierge) quelle était la nouvelle adresse de l'armateur, s'attira cette réponse qu'il n'attendait pas.

— Mister Maxwell ? Mais d'où venez-vous, messieurs ? Mister Maxwell a été assassiné depuis plusieurs années. Même que tous les journaux en ont assez parlé ! On n'a même jamais retrouvé l'assassin... Pauvre mister Maxwell ! Lorsqu'on a fait l'inventaire de ses affaires, on s'est aperçu qu'il ne possédait plus un *cent* (cinq centimes) liquide et allait être déclaré en faillite, c'est même ce qui a fait dire qu'il s'était suicidé. Ses affaires allaient mal, paraît-il ! On a vendu les meubles et c'est à peine s'il y en a eu assez pour payer l'enterrement. Car le pauvre homme n'avait pas de famille.

« Mais moi, vous savez, je suis sûr qu'on l'a assassiné, il avait le cou coupé, et lorsqu'on se suicide on ne se coupe pas le cou, pas vrai ?

Mortimer et François Bontemps se regardèrent. Sans avoir besoin de parler, ils se communiquèrent leur pensée ; l'assassin, ce ne pouvait être que Krapfl. Mais comment le prouver ?

Le capitaine Mortimer, impassible, remercia le *janitor* et entraîna François.

— Krapfl est l'assassin, cela ne fait aucun doute, dit-il dès que les deux hommes eurent regagné l'hôtel où ils étaient descendus. Mais pourquoi, et comment, c'est ce que nous ne pouvons savoir pour l'instant, d'autant plus que nous devons, autant que possible, ne pas attirer l'attention de Krapfl.

« Puisque ce Maxwell n'a pas d'héritiers, c'est à nous que revient la possession de son secret, nous l'avons, du reste, payé assez cher. Je pense que nous ferons bien de nous rendre en Australie pour retrouver la trace de cette goélette *Malaita*, cela nous permettra de connaître la vérité sur ce qu'a dit Wung-Hi et de savoir exactetément quelles étaient les affaires de feu Jimpson et de son associé Maxwell. Nous connaîtrons ainsi, sans doute, pourquoi Krapfl a assassiné Maxwell...

— On pourrait examiner la plaque d'os ? proposa François.

— Hum ! Je la crois indéchiffrable. Je l'ai regardée des milliers de fois sans y rien comprendre. Essayez ; peut-être serez-vous plus heureux !

Et Mortimer tendit la mince plaque d'os au jeune Français. Celui-ci, ayant été se placer auprès de la large fenêtre de la chambre où il se trouvait avec Mortimer, considéra l'étrange objet. C'était un fragment d'os humain poli. Sur une de ses faces, il portait la suivante inscription, tracée maladroitement avec une pointe de métal :

24 153 — L P T R *BPCKTEPC* O
C X E X B K V L U E I D Y X D I
J G T O W V N Y H P O Y D B O S
D M S B V L A P I K K B C O N Y
OJ K U O X E Z K A Y H *IC* D E
M H N O M L C U H K E Y B G.

L'autre face portait des lettres sans plus de signification :

BE A *BF* R *BR* D Y K C B X K B O
P S D K *BNS* T *MI* A *SD* X Q W C N
D E M H B A E X N Q R K W H N.

C'était tout, absolument tout. Plusieurs fois, François Bontemps retourna dans sa main l'étrange document. Il le lut, le relut, mais sans parvenir à trouver la moindre signification à cet assemblage de lettres.

— J'oubliais de vous dire, fit Mortimer à mi-voix, que la cartouche, était munie d'une étiquette portant ces mots :

« *To deliver to mister Jonathan Maxwell, shipowner, San-Francisco ; big reward secured.* (Remettre à M. Jonathan Maxwell, armateur à San-Francisco, contre grosse récompense.)

« Krapfl avait lu l'étiquette. Le coquin aura essayé de « tirer les vers du nez » à Maxwell, et, n'y parvenant pas, l'aura assassiné. C'est du moins ce que je suppose. Maxwell devait posséder seul la clé du code lui permettant de communiquer avec feu Jimpson. Maintenant qu'ils sont morts tous deux, je ne crois pas que nous puissions jamais déchiffrer ce bizarre message... Nous verrons bien !

Et Mortimer, soigneusement, inséra dans son portefeuille la mince plaque d'os que lui tendait François.

Pendant tout le reste de la journée, les deux hommes discutèrent sur ce qui leur convenait de faire. Mortimer ne possédait que quelques milliers de dollars, ses affaires s'étant mal trouvées de dix ans d'abandon.

François Bontemps, avec toute la générosité de la jeunesse, mit sa fortune à la disposition de son nouvel ami. Il venait d'avoir vingt et un ans et avait maintenant la libre disposition de ses biens. Mortimer, tout d'abord, refusa. Mais François insista tellement qu'il finit par accepter, d'autant plus que, pour l'instant, ce qui lui restait lui suffisait largement. Plus tard, l'on verrait.

Un seul contretemps se présentait : François Bontemps avait absolument besoin de se rendre à Paris pour y régler ses affaires. Mortimer décida qu'il se rendrait avec lui en Europe, mais l'attendrait à Londres d'où les deux amis prendraient le paquebot pour Suva, aux îles Fidji, où était mort Jimpson, afin d'essayer d'obtenir quelques détails sur la *Malaïta* et son capitaine.

Tout ayant été ainsi arrangé, Mortimer, François Bontemps et le mousse Barnaby Cringle prirent place le soir même dans le train allant à New-York, d'où ils s'embarquèrent pour Liverpool. De là, un express les conduisit à Londres, en quelques heures.

François, une heure plus tard, reprit le train à destination de Douvres, laissant le capitaine Mortimer dans un hôtel de la capitale anglaise.

Quand à Barnaby Cringle, il exultait. Parti depuis trois ans pour naviguer, il n'avait plus revu depuis le sordide *slum* (quartiers populaires à Londres) où s'était écoulée son enfance. Ces quelques jours de répit allaient lui permettre de retrouver d'anciens camarades et aussi de...

— Mais, n'anticipons pas.

CHAPITRE III

L'INCONNU DE « L'OPHIR »

Trois jours après l'arrivée à Londres du capitaine Mortimer, de François Bontemps et de Barnaby Cringle, notre mousse était attablé dans une des nombreuses tavernes à matelots de Blackfriars.

Que voulez-vous, pour le pauvre Barnaby Cringle, les « saloons » des Docks, constituaient ce qu'il y avait de mieux au monde !

Donc, après avoir renouvelé connaissance avec les jeunes garçons de son quartier — de ceux du moin qui se souvenaient encore de lui ! — Barnaby, tout fier de quelques livres sterling, don de François Bontemps, qui tintaient dans ses poches, avait invité ses amis et connaissances à fêter avec lui son retour en buvant quelques verres d'*ale* et de *stout*, voire de *gin*.

C'est que Barnaby Cringle n'était ni avare ni égoïste : il n'aimait pas boire seul, et puis, faut-il le dire ? le brave mousse n'était pas fâché d'éblouir ses amis par le récit de ses mirifiques aventures. Et quel meilleur moyen de s'assurer de patients et favorables auditeurs qu'en les abreuvant ? On écoute plus volontiers lorsqu'on peut, de temps à autre, s'humecter le gosier.

C'est pourquoi, vers dix heures du soir, Barnaby, entouré d'une demi-douzaine d'adolescents loqueteux, se trouvait dans le *Flying Dutch Saloon* (salon du Hollandais volant), un bar sordide situé non loin du pont de Blackfriars, à l'est de Londres.

L'établissement, situé dans le sous-sol d'une maison de briques brunes, noircies par le brouillard et les fumées des nombreux navires du port, ne payait pas de mine. Pour y entrer, il fallait descendre cinq marches ; la porte franchie, l'on pénétrait dans une sorte de cave garnie de tables de bois recouvertes de zinc et flanquées de banquettes dont la moleskine éventrée laissait échapper le crin à demi pourri. Des glaces verdâtres et souillées par les mouches, et des plaques de fer peintes vantant les vertus des whiskies et des gins composaient tous les ornements du « saloon ».

Cependant tel qu'il était, le *Flying Dutch* apparaissait à Barnaby comme un endroit « smart » et luxueux. On l'eût bien étonné en lui affirmant le contraire.

Au reste, pour l'instant, le mousse avait les pensées ailleurs. Une grosse pipe toute neuve négligemment plantée à la commissure de ses lèvres, il était occupé à raconter à ses auditeurs bénévoles les surprenantes aventures dont il avait été le héros à bord de la *Comet*.

Pour être véridique, il convient d'ajouter que le bon Barnaby, bien que son rôle en toutes ces affaires eût été des plus honorables, éprouvait le besoin d'y ajouter encore. L'on n'est pas parfait, n'est-ce pas ? Et, d'ailleurs, les six adolescents qui écoutaient le mousse ne paraissaient pas très convaincus de la véracité de son récit. Ils échangeaient des regards moqueurs et incrédules, mais sans interrompre : ils tenaient trop à ce que continuât l'incessant défilé des bouteilles de bière que Barnaby, à chaque pose, faisait apporter par le bar-keeper.

Cependant, si les interlocuteurs du mousse ne l'écoutaient que distraitement, il n'en était pas de même d'un grand gaillard assis dans un angle du « saloon » devant un verre de gin vide.

L'homme était roux, rasé ; il avait le nez court et écrasé, les yeux petits, verdâtres, profondément enfoncés sous d'épais sourcils. D'après son accoutrement : jersey de laine bleue rapiécé, pantalon de drap de même couleur, large mouchoir jaune et rouge noué autour du cou, ce devait être un matelot « à terre » (sans place). Les coudes sur le zinc de sa table, les joues entre les mains, il paraissait porter une vive attention aux minces filets de fumée grise qu'il tirait d'une pipe de terre fichée entre ses dents. Pourtant, qui l'eût examiné avec attention, se fût aperçu qu'il ne perdait pas un mot du récit de Barnaby.

Le mousse, naturellement, ne s'apercevait de rien.

Après avoir raconté la mystérieuse expédition de l'île inconnue (inconnue pour lui, car ni Mortimer, ni François Bontemps, ainsi qu'on le pense, n'avaient jugé à propos de lui faire des confidences à ce sujet), Barnaby Cringle en arriva à l'extraordinaire duel entre le capitaine Krapfi et Mortimer. Et, naturellement, le mousse n'oublia pas de mentionner comment François Bontemps, échappé à la mort, grâce à lui, avait mis Arnold Berein hors de combat d'un magistral coup d'épissoir.

En entendant prononcer le nom de Berein, l'inconnu avait eu un brusque tressaillement. Lorsque Barnaby mentionna la blessure du second de la *Comet*, l'homme fit un mouvement comme pour se lever ; ses lèvres s'entrouvrirent, laissant échapper la pipe qu'elles enserraient et qui se brisa bruyamment sur le sol.

Barnaby Cringle et ses interlocuteurs, ensemble, se retournèrent. Mais l'homme avait déjà repris son sang-froid. Il baragouina une exclamation étouffée, et pour dissimuler son trouble, grogna :

— Un autre verre d'ale, l'empoisonneur !

Le bar-keeper s'empressa.

Barnaby Cringle avait repris son récit, sans plus se soucier de l'inconnu. Celui-ci, après avoir avalé la moitié du contenu de son nouveau verre, reprit sa pose somnolente, sans plus donner, cette fois-ci, la moindre marque d'émotion. Mais, comme on le pense, il n'en continua pas moins à écouter de toutes ses oreilles les confidences du mousse.

A minuit, Barnaby Cringle, ayant à peu près « vidé son sac », commanda une dernière tournée et conclut :

— Et c'est pas tout, old chum

(vieux copains). Dès que mister Bontemps va être revenu de Paris, on repart ! Suffit, que je vous dis ! Mais ne vous étonnez pas de me voir revenir à bord d'un yacht, et dont je serai le propriétaire ! C'est comme ça ! Allez, je m'y connais ! Et mes patrons, ils en savent plus qu'ils en disent... Et le capitaine Mortimer n'est pas une moule ! On verra ce qu'on verra ! Mais le fils unique de ma mère mourra dans la peau d'un milliardaire, au moins ! Je sais ce que je sais et vous pouvez me regarder comme des poissons pas frais !... *Cheer up !*

Les jeunes gens trinquèrent et vidèrent leurs verres. Certes, ils n'étaient plus très d'aplomb, et seule l'influence de l'ale et du gin avait incité le prudent Barnaby à parler ainsi ; mais quoi, il voulait éblouir ses vieux copains et convaincre leur incrédulité.

D'un pas un peu chancelant, le mousse et ses compagnons quittèrent le saloon pour aller se coucher.

Ils étaient à peine dehors que l'inconnu qui avait apporté tant d'attention aux paroles de Barnaby, se leva, paya ses consommations et, ayant hélé un taxi qui passait, y prit place après avoir crié au chauffeur :

— Au consulat d'Allemagne ! Vite !

L'auto, en quelques minutes, arriva devant le luxueux bâtiment renfermant les bureaux du consulat germanique.

L'inconnu, après avoir payé, alla sonner à une petite porte de service percée dans la muraille ; tandis qu'il attendait qu'on lui ouvrît, il murmura :

— Berein assassiné ! Ce n'est pas possible ! Le petit gueux ment ! Mais nous allons tirer cela au clair ! Ca-

chottier d'Arnold, va ! Je crois, à ce coup, que je tiens la bonne affaire !

* * *

Barnaby Cringle, naturellement, ne s'était douté de rien...

Trois semaines plus tard, François Bontemps, ayant réglé ses affaires avec son tuteur, revint de Paris, plus résolu que jamais dans ses projets. Maître d'une fortune de plusieurs centaines de mille francs, il était à même de poursuivre Krapfl et d'aider Mortimer à se réhabiliter. Ses premières paroles furent pour se mettre à la disposition de l'ancien capitaine du *Rainbow* !

— Je n'en attendais pas moins de vous, vous le savez, Bontemps ! fit Mortimer avec son calme habituel. Mais, moi aussi, j'ai réalisé mes biens et, pour le moment, si vous le voulez bien, nous partagerons les frais. Tenez-vous toujours à emmener le jeune Barnaby ?

— Pourquoi pas ? Le garçon a l'air dégourdi et honnête ; il peut nous rendre service...

— Emmenons-le, bien que je le croie un peu bavard. Il y a un paquebot de la P. & O. qui part après-demain de Tilbury pour Sydney. Nous le prendrons, et de Sydney irons à Suva où nous pourrons, je l'espère, obtenir quelques détails sur la mort de Jimpson et sur la *Malaïta*. Ensuite, nous verrons.

Et, le surlendemain, en effet, l'*Ophir*, en descendant la Tamise, emporta Mortimer, François Bontemps et Barnaby Cringle vers l'Australie. Et l'*Ophir* emportait aussi l'inconnu du *Flying Dutch Saloon*, lequel s'était rendu méconnaissable par une épaisse barbe blonde et de larges lunettes noires...

L'*Ophir*, Gibraltar passé, toucha Marseille, et quatre jours plus tard atteignit Port-Saïd, favorisé par le beau temps. En quelques heures, le grand paquebot eut embarqué sa provision de charbon, et emboucha le canal de Suez.

Ainsi que d'ordinaire, une chaleur torride y régnait, due au voisinage du désert sinaïtique.

Leur dîner terminé, vers huit heures du soir, Mortimer et François Bontemps furent s'étendre sur le pont pour y fumer un cigare et y chercher un peu de fraîcheur. C'était l'obscurité, à peine interrompue par les pâles lampes électriques éclairant le pont-promenade. La plupart des passagers, étouffant dans les cabines et salons, avaient imité l'exemple des deux amis et se prélassaient dans leurs fauteuils en échangeant de rares paroles : il faisait encore chaud pour causer. Aussi n'entendait-on que le bruissement doux de la machine tournant à vitesse réduite et le léger sifflement causé par par le remous sur les berges de sable toutes proches...

Une ombre, soudain, apparut derrière Mortimer qui, portant la main à sa poitrine, poussa une exclamation étouffée. François Bontemps l'entendit et s'écria :

— Qu'avez-vous, capitaine ?

— Rien. Je suis blessé, je crois...

L'ombre filait vers les embarcations toutes proches. François la vit et comprit tout :

— A moi ! A l'assassin ! cria-t-il de toutes ses forces en s'élançant à la poursuite de la mystérieuse silhouette.

Au mot magique d'assassin, passagers et marins, en un clin d'œil, furent debout, cependant que des cris de femmes effrayées retentissaient. A la suite de François, une vingtaine de passagers se ruèrent à la poursuite de l'inconnu. Celui-ci filait comme un lièvre. Comme il passsait devant la porte ouverte du fumoir, il s'arrêta net et s'engouffra dans le petit salon.

Deux Anglais, qui jouaient au bridge, sans s'inquiéter de l'atroce chaleur, se levèrent et voulurent barrer le passage au forcené. Mal leur en prit. L'homme, un colosse, saisit une massive carafe en cristal posée sur une table et en fracassa le crâne d'un des joueurs. Le second recula, et c'en fut assez. En trombe, l'inconnu dégringola l'escalier de chêne faisant communiquer le fumoir avec les coursives desservant les cabines de première classe... Et nul ne le vit plus.

En vain, furent fouillées toutes les cabines ainsi que toutes les parties du paquebot où l'homme aurait pu se réfugier. Aucune trace de lui !

Le commandant de l'*Ophir*, qui avait été immédiatement prévenu, fit braquer les projecteurs électriques sur le canal et ses berges afin que le fugitif ne pût, sans être vu, essayer de se précipiter à l'eau et de gagner la terre. Mais rien ne bougea. Cabines, cales, cambuse, postes d'équipage, chambre de chauffe et jusqu'aux soutes à charbon, rien ne fut oublié. Et cependant, sans résultat ! L'inconnu semblait s'être volatilisé !

Pendant toute la nuit, les marins, aidés de nombreux passagers, continuèrent les recherches. Mais sans plus de succès.

A cinq heures du matin, comme l'*Ophir* stoppait au milieu du lac Timsah, en face de la petite ville d'Ismaïliah, pour changer de pilote et débar-

quer son projecteur, une nouvelle émotion vint frapper les passagers : l'opérateur du projecteur, fixé sur l'étrave du paquebot pour l'aider à se guider dans le canal, ne répondit pas lorsqu'on l'appela pour le prévenir qu'on allait débarquer son appareil. Il ne répondit pas pour l'excellente raison qu'il était mort, mort poignardé.

Et la blessure, ainsi que le médecin du bord le constata aussitôt, datait de plusieurs heures, c'est-à-dire que ce second crime avait été commis à peu de distance du premier. Mais quel lien pouvait-il y avoir entre le capitaine Mortimer et l'obscur machiniste italien chargé du projecteur ?

C'est ce que le commandant de l'*Ophir*, tandis que son navire repartait dans la direction de Suez, essaya de savoir.

Mortimer avait été atteint dans le dos, un peu au-dessus de l'omoplate gauche, par la lame d'un large poignard qui s'était enfoncée de plusieurs centimètres, effleurant le sommet du poumon. L'assassin avait eu le sang-froid de retirer l'arme de la plaie.

Mortimer, transporté immédiatement à l'infirmerie du paquebot, n'avait pas perdu connaissance malgré la gravité de sa blessure. Cet homme paraissait de fer. Il s'était laissé panser sans pousser une plainte et, les bandages mis en place, avait demandé d'une voix faible mais extraordinairement calme :

— Suis-je perdu, docteur ? Je vous prie de me répondre avec franchise, ayant quelques affaires à régler !

Le médecin, sans mentir, avait avoué que la blessure, tout en étant grave, ne mettait pas les jours du patient en danger, du moins pour le moment.

Mortimer, après avoir remercié de sa voix toujours tranquille, avait fermé les yeux et n'avait plus bougé. Dormait-il ? Songeait-il ? Nul ne l'aurait pu dire ; et lorsque François Bontemps après avoir tenté de rattraper le mystérieux assassin, était venu prendre des nouvelles du blessé, un infirmier l'avait rassuré en affirmant que le capitaine Mortimer dormait...

Quoi qu'il en fût, le commandant de l'*Ophir*, désirant autant que possible avoir terminé son enquête avant l'arrivée à Suez, afin de déposer son rapport entre les mains du consulat anglais, résolut d'interroger le blessé, d'autant plus que le médecin, consulté, déclara que c'était possible.

Mortimer, vraiment, ne dormait pas. En entendant entrer le commandant du paquebot, il ouvrit les yeux, reconnut l'officier et, après avoir attendu qu'il fût proche de lui, pour ne pas avoir à lui parler fortement, murmura :

— Vous venez me demander si je connais mon agresseur, n'est-ce pas ? Je ne le connais pas. Je n'ai même pu le voir. Je ne saurais donc vous donner le moindre renseignement là-dessus. L'avez-vous arrêté ?

— Non ! répondit le commandant du paquebot, déçu.

— Regrettable. Peut-être est-il resté caché à bord ? En tout cas, il faudra surveiller votre navire pendant tout le voyage...

— Naturellement !

— Et j'ai une demande à vous adresser, commandant ; c'est de me garder à bord malgré ma blessure.

— Je m'y connais en médecine : le poumon n'est pas atteint. L'air de la mer contribuera à me guérir et je serai sur pied avant d'arriver à Sydney !

Le commandant de *l'Ophir*, après avoir consulté le médecin du bord, acquiesça à cette requête.

Quelques heures plus tard, le paquebot arrivait à Suez.

Inutile de dire qu'aucune trace du mystérieux assassin ne fut découverte.

Pendant tout le restant du voyage, François Bontemps et Barnaby Cringle se livrèrent en vain à de subtiles enquêtes pour essayer de trouver quelque vestige leur permettant d'identifier l'assassin ou ses complices, s'il en avait : ils n'aboutirent à rien ! Evidemment, le bandit n'était plus à bord, mais où était-il passé ?

Et qui était-il ? Instinctivement, Mortimer et François Bontemps pensèrent à Krapû.

Mais l'inanité de ce soupçon s'imposa à eux : ils avaient quitté la *Comet* en plein Pacifique.

Comment Krapû, qui ignorait s'ils étaient vivants, eût-il pu lancer quelqu'un contre eux ?

Cependant, les deux hommes redoublèrent de vigilance.

Aucune autre tentative ne fut faite contre Mortimer et ses compagnons.

L'ancien capitaine du *Rainbow* ne s'était pas trompé en affirmant qu'il serait guéri rapidement.

Lorsque *l'Ophir* accosta le Circular-Quay à Sydney, Mortimer put descendre sans aide.

Sa blessure était cicatrisée et seule un peu de faiblesse, provenant de la perte de sang, rappelait l'attentat dont il avait failli être victime.

De Sydney, Mortimer, François Bontemps et Barnaby Cringle se rendirent à Suva, la capitale des îles Fidji où, on s'en souvient, le Chinois Wung-Hi avait déclaré que le capitaine de la *Malaïta*, Billy Jimpson, était mort à l'hôpital.

A peine arrivé à Suva, Mortimer se rendit à l'hôpital pour essayer de recueillir quelques renseignements sur Jimpson.

Le vieux médecin qui, depuis dix-huit ans, dirigeait l'hôpital, consulta ses registres et, après un minutieux examen, déclara :

— Jamais, nous n'avons hospitalisé de capitaine Jimpson ici.

« Il y a bien eu un *Simpson*, mais c'était il y a deux ans. Ce n'est donc pas votre homme.

« Le Chinois dont vous me parlez s'est moqué de vous, permettez-moi de vous le dire !

CHAPITRE IV

SUR LA PISTE DE LA « MALAÏTA »

Le capitaine Mortimer, en voyant ses espoirs s'écrouler, garda son calme habituel :

— Vous êtes bien sûr de ce que vous avancez, monsieur ? demanda-t-il au directeur de l'hôpital. Permettez-moi d'insister : j'ai un grand intérêt à retrouver la trace de Jmipson !

— Que puis-je vous dire ? Voyez vous-même le registre des entrées et des sorties. C'est le même depuis quinze ans ; il est donc de quatre ans plus vieux que la date présumée du séjour ici de ce Jimpson. Vous pourrez vous rendre compte de la véracité de mes dires !

Mortimer s'inclina. Par acquit de conscience, et bien qu'il ne doutât point des paroles de son interlocuteur, il feuilleta le vieux registre et put constater que nul Jimpson n'avait jamais été hospitalisé dans l'établissement.

— N'existe-t-il pas un autre hôpital à Suva ? insista-t-il.

— Aucun. Celui-ci, Dieu merci, étant plus que suffisant !

Mortimer n'avait plus qu'à se retirer. C'est ce qu'il fit. Ayant rejoint François Bontemps à l'hôtel où ils étaient descendus, il lui fit connaître le résultat négatif de sa démarche :

— Wung-Hi m'a menti, conclut-il. A cela, pas de doutes...

— A moins qu'il n'ait confondu, ou, que vous ayez mal compris. Peut-être était-ce d'une autre ville que Suva qu'il a voulu parler ? objecta François.

— Non. Je me le rappelle parfaitement. Suva, aux îles Fidji. Il n'y a pas de confusion possible... Le résultat de tout ceci est que nous voilà maintenant privés de tout fil conducteur pour retrouver les traces de Jimpson, lequel est peut-être vivant, ce qui enlèverait tout intérêt à nos recherches, attendu que, dans ce cas, ledit Jimpson a réglé à son profit l'histoire de notre hypothétique trésor...

— Il ne peut être vivant, fit vivement François Bontemps, sinon le « janitor » de feu son associé, Maxwell, que nous avons vu à Frisco, l'aurait su et nous en aurait fait part. Et Krapfl, qui n'a point perdu l'affaire de vue pendant votre captivité, soyez-en sûr, en aurait, lui aussi, été informé, et ne se serait pas donné tant de peine pour vous faire évader !

— Juste, approuva Mortimer. Mais toutes réflexions faites, cela ne prouve pas grand'chose. Jimpson, qui d'après ce que nous savons, n'était pas la fleur des honnêtes gens, peut avoir changé de nom une fois riche, afin de garder

le trésor pour lui seul... Qui sait ? Nous verrons. Ne perdons pas courage. Il n'y a pas d'énigme qui ne s'éclaircisse avec de la persévérance et de la volonté.

« Nous serons, d'ailleurs, vite fixés lorsque nous connaîtrons le sort de la *Malaïta* : un navire a un état civil. Il ne disparaît pas sans laisser de traces...

« Mais si, malgré tout, nous sommes obligés de constater que tout espoir est vain, eh bien ! nous ne penserons plus à tout cela et verrons à régler mon compte avec Krapfl...

— Vous voulez dire « notre » compte, capitaine Mortimer ! interrompit François. J'ai épousé votre querelle et serai jusqu'au bout avec vous pour châtier ce bandit de Prussien !

— Excusez-moi, mon cher ami. Quoi qu'il en soit, nous avons de l'ouvrage en chantier... sans compter que je ne désespère pas, au cours des recherches pour retrouver la *Malaïta*, de rencontrer ledit Krapfl sur notre route, car lui non plus ne doit pas avoir abandonné l'espoir de découvrir le trésor de Jimpson...

— Nous pourrions aussi examiner encore une fois l'esquille d'os, fit François, songeur. Qui sait ? L'inscription est peut-être plus facile à déchiffrer que nous ne le pensons !

— Vous savez, comme moi, que toute écriture cryptographique est déchiffrable avec du temps, de la patience et de l'ingéniosité. Et j'ai pensé que, peut-être, nous pourrions parvenir à trouver la véritable signification des lettres gravées sur l'os... Voulez-vous me les laisser voir ?

— Inutile. Mais je vais vous dicter les lettres dans leur ordre ; je les sais par cœur comme vous pouvez vous en douter !

— Mais il y a des chiffres avant ! Et je suis persuadé que ce nombre constitue la clé du document !

— Peut-être ! fit Mortimer, impassible. Écrivez :

24153. L T P R BPCKTEPC O C X EXBKVLUEI... voilà la première ligne !

— Merci. J'ai pensé que les chiffres 24153 indiquaient l'ordre dans lequel les lettres devaient être lues !

Mortimer ne répondit pas. François Bontemps appliquant le système qu'il venait de concevoir, murmura :

— La *deuxième* lettre est un T ; la *quatrième* est un R ; la *première* est un L ; la *cinquième* est B, et la *troisième* est un P. Soit : TRLBP...

— Ce qui ne veut rien dire en aucune langue ! murmura Mortimer. J'avais déjà songé à appliquer votre combinaison, bien que je ne pouvais croire que l'on se fût servi d'un système aussi enfantin. J'ai également essayé en commençant par les lettres de la fin, mais aussi inutilement.

— Peut-être faut-il rétrograder l'ordre de chaque lettre d'une certaine quantité, dans l'ordre indiqué par le nombre 24153 ?

— Essayons !

— Donc L moins 2, égale J ; 1 moins 4 donne P ; P moins 1, donne O ; R moins 5 donne N ; B moins 3 donne...

François, confus, s'arrêta. Mortimer sourit :

— Je crois que votre système ne vaut pas grand'chose ! dit-il. Enfin, on peut toujours remplacer la lettre qui est avant A et qui n'existe pas, par un point.

— Ou bien par la lettre Z... qui est la dernière d'un autre alphabet et qui viendrait, si plusieurs alphabets étaient ajoutés, se placer juste avant l'A...

— Ce qui vous donne ?

— JPONZ... ou Iponz, les lettres J et I ayant la même valeur en certaines langues. Donc, Ipon, ou Iponz. Cela ressemble assez à *Nippon* ! (Japon, en anglais.)

— Cela ressemble à tout ce que vous voudrez ! Après !

François, piqué, continua son petit travail. À la suite du « mot » JPONZ, il obtint les lettres NZJPB, soit JPONZNZJPB.

— Je crois qu'il est inutile de continuer, fit Mortimer. Je vous ai laissé faire pour vous enlever toute envie de recommencer ce petit travail à l'avenir. Vous devriez cependant bien penser que, pendant mes dix ans de séjour au bagne de l'île des États, j'ai essayé de découvrir la signification de la bizarre inscription. Je l'ai retournée de toute les façons. J'ai commencé par la première lettre, par la seconde, par la troisième. J'ai fait le même travail en commençant par la fin, par le milieu, sans obtenir que des assemblages de lettres privées de toute signification.

Mais laissons cela. De ce que Wung-Hi m'a menti, il ne s'ensuit pas que nous devions nous désespérer. Nous savons deux choses : le nom de Jimpson et celui du bâtiment qu'il commandait : la goélette *Malaia*. Jimpson a certainement existé, puisque nous nous sommes rendus chez son associé, à Frisco. Il ne nous reste donc qu'à excursionner discrètement à travers les mers du Sud en demandant des nouvelles de la *Malaita*. Bien que l'affaire soit vieille de plusieurs années, nous finirons sûrement par découvrir quelque planteur ou trafiquant qui ait connu ce Jimpson ou du moins la *Malaita*. Nous verrons ensuite à nous acquérir de ce qu'est devenue la goélette... et son capitaine !

Une fois de plus, François Bontemps admira le bon sens et le sang-froid de Mortimer. Le jour même, l'ancien capitaine du *Rainbow* se mit en quête. S'il n'obtint aucun renseignement sur Jimpson et sur la *Malaita*, du moins acquit-il cette certitude, en s'adressant à Suva, que jamais, ni la *Malaita*, ni son capitaine n'étaient venus aux îles Fidji. Personne ne connaissait ces deux noms.

Le soir, Mortimer ayant fait part à François du peu de résultat de ses démarches, déclara que le plus simple serait de partir pour les îles Salomon, grand centre des goélettes trafiquant dans la mer de Corail.

Trois jours plus tard, Mortimer, François Bontemps et le mousse Barnaby Cringle — qui, entre parenthèses, trouvait à son goût cette agréable vie de passager — s'embarquèrent sur un petit vapeur qui, après une semaine de cabotage entre les nombreuses îles du voisinage, les débarqua à Tulagi, l'unique ville — peuplée d'une centaine d'Européens, dont le résident anglais — de l'archipel.

— La *Malaita* ? grogna le premier *coprah-maker* (trafiquant en coprah) auquel Mortimer s'adressa. Yes, il me semble que j'ai connu ça dans le temps ! Mais cette goélette ne vient plus ici depuis plusieurs années... Adressez-vous donc à Bourke, l'agent des plantations de la Warela... Il est ici depuis une vingtaine d'années,

l'animal, et connaît tous les bâtiments qui fréquentent l'archipel... On dit même qu'il se livre à des trafics peu avouables... Mais n'est-ce pas, chacun se débrouille comme il peut et ce n'est pas mes affaires !

Mortimer remercia, sans relever la calomnie et, accompagné de François Bontemps, se rendit sur-le-champ aux hangars des plantations de la Warela. C'étaient d'immenses bâtiments de tôle ondulée, au-dessus desquels d'immenses panneaux de bois, maintenus par des fils de fer, portaient ces mots :

WARELA VALLEY
    IMPROBEMENTS
        COMPANY LTD

— M. Bourke ? demanda Mortimer à un grand et maigre nègre à demi nu, dont le nez écrasé était orné d'une large défense de cochon qui lui pendait jusqu'au menton.

— *Big Fella Bourke to go ! He go back bime-by !* répondit le noir en ce bizarre patois que les fréquentateurs des mers du Sud nomment *Biche-de-Mer*, — j'avoue ne point connaître l'étymologie de cette étrange appellation. Ce qui signifiait :

— Big Fellow Bourke est sorti et reviendra tout à l'heure !

Car pour les indigènes des îles Salomon, les blancs sont tous des *big Fella* : grands compagnons.

Mortimer comprit parfaitement et traduisit la réponse du noir à François Bontemps qui n'y avait rien compris.

Le *Big Fella* Bourke arriva quelques minutes plus tard. C'était un géant chauve et rasé dont la face brunie par le soleil et la mer avait des reflets de cuivre vert-de-grisé. Une chique énorme gonflait sa joue flasque et un large chapeau de feutre gris, étoilé de taches suspectes — de sang, peut-être — lui descendait jusqu'aux sourcils.

En apercevant Mortimer et François Bontemps qui étaient restés à l'attente, à l'abri d'un bouquet de palmiers nains, à quelques pas du hangar, il s'avança vers eux et s'inclina gauchement en grognant :

— C'est moi, Edmond Bourke, gentleman. Vous voulez me parler, il paraît ?

— En effet, fit tranquillement Mortimer. Nous voudrions, si possible, avoir des nouvelles de la goélette *Malaita* qui trafique dans les îles...

Bourke regarda l'ancien capitaine du *Rainbow* d'un air méfiant :

— La *Malaita* ? dit-il. Il y a beau temps qu'elle est perdue !

— Ah ! Et savez-vous où ? questionna Mortimer, sans donner le moindre signe d'émotion.

— Ça, c'est une autre affaire, gentleman ! Pensez qu'il y a au moins dix ans de cela, si ce n'est pas plus... La mémoire me manque d'autant plus que ce damné Jimpson n'aimait pas trop raconter ses affaires, ni dire où il allait !

— Il faisait le commerce des perles et du coprah, je crois, fit Mortimer.

Un large rire d'ironie détendit la face de Bourke :

— Et d'autres choses aussi ! Il faisait le trafic des *travailleurs libres* !... Vous savez : on mouille devant une plage où habitent de braves Cannibales. On les fait venir à bord, on les sulive, on lève l'ancre et on profite de ce que les noirs dorment pour les ligoter. Après quoi, on file vers le Queensland où l'on débarque les *travailleurs libres*... pour travailler dans des plantations. Et on touche dix livres par homme.

« Avec un peu de chance, on gagne de belles années.

« Mais, dame, il ne faut jamais venir « recruter » à un endroit où l'on a déjà passé, parce que les Cannibales ont de la mémoire et se souviennent que vous avez enlevé leurs frères, leurs pères ou leurs amis... Et, s'ils le peuvent, ils vous *arrangent* à leur manière, c'est-à-dire en sauce ou à la broche, après vous avoir tué — comme de bien entendu !

Et Bourke, satisfait de son esprit, se mit à rire.

— Et je crois bien que telle a été la fin de ce bon et excellent Jimpson ! Car la *Malaita*, qui venait ici toutes les cinq ou six semaines, n'a plus paru sans que nul ne sache pourquoi... Et j'ai bien regretté ce damné Jimpson, d'autant plus qu'il me devait quinze livres pour des vivres que je lui avais fournis... Mais quoi, nous sommes tous mortels, et il faut en passer par là !

Bourke soupira et changea sa chique de côté :

— Et vous n'avez pas la moindre idée de l'endroit où la *Malaita* a trouvé sa fin ? insista Mortimer.

— Comment voulez-vous que je le sache ? grommela Bourke en haussant les épaules. S'il me fallait m'occuper de toutes les goélettes qui fréquentent Tulagi, j'y perdrais mon temps et ma belle jeunesse... du moins ce qui me reste ! Vous pourriez vous enquérir auprès de Karl Torruck, qui fait le « coprah-maker » à la baie de Belasi, dans l'île Bismarck. C'est un Allemand et peu commode : il me doit trois livres et je peux les attendre ! Jimpson m'a souvent parlé de lui et je crois qu'ils avaient des affaires ensemble. Vous pouvez toujours aller voir : il y a souvent des goélettes qui vont à l'île Bismarck : vous y serez en quelques heures, si le vent est bon !

« Je vous salue, gentlemen, mais, vous savez, j'ai mon coprah à surveiller. Avec ces damnés Canaques, il faut tout voir par soi-même !

Et, sur ces mots, Bourke, ayant porté la main à son feutre, s'éloigna et disparut dans un des hangars de tôle.

— Je crois que nous ferons bien d'aller voir ce Karl Torruck ! fit François Bontemps après quelques secondes de silence.

— Nous n'avons pas le choix, murmura Mortimer. Mais je crois que ce Bourke en sait plus qu'il ne nous en a dit. Nous verrons !

Il ne restait plus qu'à se mettre en quête d'une goélette pour se rendre à la baie de Belasie. Malheureusement, malgré les affirmations de Bourke, il n'y en avait pas pour le moment en rade de Tulagi. Toutes celles qui se trouvaient dans la baie étaient en charge pour d'autres directions.

Enfin, après onze jours d'attente qu'ils employèrent à chercher d'autres renseignements sur la *Malalia !* à son capitaine, sans rien découvrir de nouveau, d'ailleurs, François Bontemps et Mortimer finirent par s'arranger avec le capitaine d'un petit cotre, qui moyennant la somme de douze livres sterling, consentit à se détourner de sa route ; il se rendait en Nouvelle-Guinée, pour déposer les voyageurs dans la baie de Belasie.

La traversée, favorisée par des vents favorables, demanda un jour et une nuit. Mais, à la baie de Belasie, une désillusion attendait Mortimer et ses compagnons : le coprah-maker, Karl Torruck, quelques jours auparavant, avait été massacré et mangé par les naturels des environs, exaspérés par ses procédés brutaux et fourbes. A la place du hangar servant à abriter le coprah, qu'il achetait aux indigènes, sans toujours le payer, seul un monceau de ruines noircies par le feu restait encore.

Mortimer dut prier le capitaine du cotre de le ramener, lui et ses compagnons, à Tulagi, ce qui fut accepté moyennant vingt nouvelles livres sterling.

Décidément Mortimer et François Bontemps jouaient de malheur !

Le cotre mit sept jours pour couvrir la distance qu'il avait franchie en moins de vingt-quatre heures à l'aller.

Mais, comme si le destin eût voulu dédommager nos héros de leurs tribulations, à peine furent-ils débarqués qu'ils aperçurent Bourke qui, les ayant reconnus, accouraient à leur rencontre :

— Déjà de retour ? s'inquiéta l'agent des plantations de la Maréla. Et vous avez trouvé cet excellent Karl ?

— Il est mort, tué par les Canaques, quelques jours avant notre arrivée ! fit brièvement Mortimer.

Bourke poussa un soupir, et il sembla à François qui l'observait que ce soupir était un soupir de satisfaction :

— Pauvre Karl ! grogna l'agent de la *Maréla Cy*, je lui disais bien que cet endroit n'était pas sain... Mais il ne voulait pas m'écouter !... Enfin le voilà tranquille, maintenant !

« Le malheur, c'est que vous ayez fait un voyage pour rien, gentlemen ! Mais j'ai de bonnes nouvelles à vous

— C'est moi, Edmond Bourke, gentlemen ! Vous voulez me parler, il paraît !

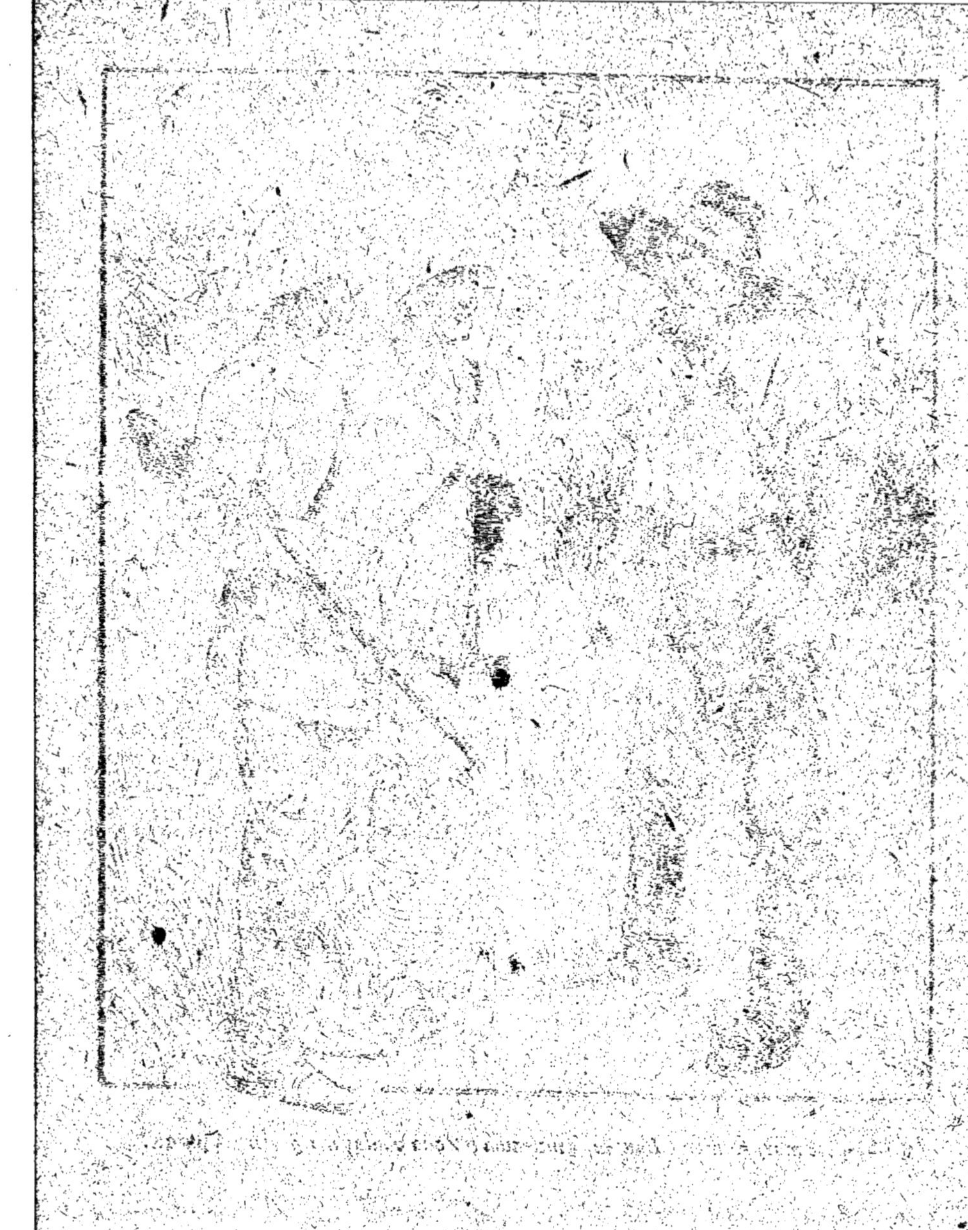

annoncer ! Figurez-vous que j'ai fait connaissance avec un ancien matelot de la *Malaita*... Oui, c'est un certain Matthew Gibbons. Il était dernièrement *master* (capitaine) d'une goélette qui a été jetée à la côte par un typhon, le mois dernier. Alors, il y a quatre jours de cela, il est venu me demander si je ne connaissais pas quelque *trader* (commerçant) cherchant un capitaine pour son navire. Je n'en connais pas pour le moment. Je le lui dis, et, après avoir parlé de choses et d'autres, il me raconta ses campagnes et notamment qu'il avait navigué à bord de la *Malaita* sous les ordres de ce damné Jimpson :

— *Vous étiez à bord lorsqu'elle s'est perdue ?* lui demandai-je.

— Non ! Mais j'ai idée qu'elle a été jetée à la côte lors du typhon qui s'est abattu sur les îles trois semaines après que j'ai débarqué, car personne, depuis, n'a plus jamais entendu parler de la goélette.

— *Et où était-elle ?* ai-je demandé.

— *Aux Nouvelles-Hébrides, je crois.* Du côté de l'île d'Espirito-Santo. Jimpson était trop connu aux îles Salomon, Gilbert et autres. Il voulait descendre plus au sud, pour pouvoir travailler plus tranquillement. Et c'est de ce côté qu'il a trouvé son destin.

« Et voilà tout ce que je sais, gentlemen. Naturellement, après cette causerie, j'ai cherché à vous voir, mais j'ai su que vous étiez partis à bord de la *Corysandre* et, alors, j'ai pensé à autre chose !

— Et savez-vous où l'on peut voir le capitaine Gibbons ? demanda Mortimer.

— Ma foi, il loge au « Sailor's Home » sur le quai, s'il y est encore, toutefois, car je ne l'ai plus revu... Et dame, il cherchait à s'embarquer le plus vite possible, cet homme !

Quelques remerciements à l'obligeant Bourke et nos héros, à grands pas, se dirigèrent vers le « Sailor's Home. »

CHAPITRE V

MATTHEW GIBBONS

Matthew Gibbons n'avait pas quitté Tulagi. Il était étendu dans un hamac, dans le jardin du « Sailor's Home », lorsque Mortimer et François Bontemps s'enquirent de lui auprès du gérant. Il rejoignit aussitôt les deux amis sous la véranda où ceux-ci avaient été introduits.

Mortimer, après s'être présenté, en arriva immédiatement au but de sa visite :

— Jimpson ? La *Malaita* ? fit Gibbons en hochant la tête. C'est bien vieux, tout cela ! Yes. Il est vrai que j'ai dit à Bourke que je croyais que la goélette s'était perdue du côté d'Espirito-Santo, mais je n'en suis pas plus sûr que cela, vous savez ! Jimpson était un homme méfiant et ne racontait guère ses affaires. Il avait des raisons pour cela ! Il m'avait parlé d'aller « recruter » du côté des Nouvelles-Hébrides, mais rien ne prouve qu'il l'ait fait. Je me souviens qu'il y a eu un formidable typhon deux semaines après son départ, et c'est ce qui me faire croire que la *Malaita*, qui était un vieux schooner en mauvais état, a été coulé par la bourrasque. Mais, après tout, je n'en sais rien... Et cela ne m'étonnerait pas du tout de revoir Jimpson un jour ou l'autre ! Il était d'ailleurs, un associé à Frisco, nommé Baldwell, ou Maxwell...

— Maxwell ! rectifia Mortimer.

— Oui, c'est bien cela. Vous pourriez le voir si vous vous intéressez à Jimpson...

— Il est mort, fit Mortimer ; qui, après un court silence pendant lequel il scruta la physionomie de Gibbons, poursuivit :

— Les renseignements que vous voulez bien me fournir sur Jimpson sont assez vagues, en effet ; mais, en faisant appel à votre mémoire, peut-être pourrez-vous nous donner d'autres indices, en vous rappelant, par exemple, pourquoi vous n'avez plus voulu repartir sur la *Malaïta* ?

Matthew Gibbons était un petit homme gros et sanguin ; sa face bouffie et rougeaude, ornée de deux pattes de lapin blond filasse, devint écarlate.

— Pourquoi je me suis séparé de Jimpson, dit-il d'une voix devenue subitement rauque, eh bien ! c'est parce que c'était un voleur, un sale voleur ! Pour une affaire... il ne voulut pas me donner ma part, vous comprenez ? Une épave que nous avions trouvée. Alors, moi, je ne voulus plus naviguer avec un voleur pareil, et je quittai le schooner ! Je suis un honnête homme, moi !

— Nous n'en doutons pas, monsieur Gibbons ! affirma gravement Mortimer. Mais, résumons. Moi et mon ami ici présents, avons un grand intérêt à retrouver la *Malaïta* ou, du moins, son capitaine. Et nous donnerons de bon cœur cent livres à celui qui nous aiderait dans nos recherches. Croyez-vous que nous puissions savoir quelque chose sur Jimpson en allant aux Hébrides ?

Matthew Gibbons avait repris son calme :

— Ce sera long, dit-il. Mais, avec du temps et de la patience, nous arriverons à un résultat, à moins, naturellement, que la *Malaïta* n'ait coulé corps et biens...

— Cela va de soi, fit Mortimer. Mais j'ai de bonnes raisons de croire que Jimpson n'est pas mort, dans la catastrophe, si toutefois, il y a eu catastrophe.

Mortimer, on s'en doute, pensait que si Jimpson était mort, il n'eût pu fabriquer le mystérieux cryptogramme.

— Je suis à votre disposition, gentleman ! conclut Gibbons.

— Une dernière question, fit François Bontemps qui, jusque-là, n'avait pas prononcé un mot. Lorsque vous étiez à bord de la *Malaïta*, avez-vous connu un Chinois nommé Wung-Hi qui était, je crois, cuisinier à bord ?

— Un Chinois ? Cuisinier ? Vous vous trompez ! affirma Gibbons. Il n'y a jamais eu de Chinois à bord de la *Malaïta*, du moins de mon temps. Et cela m'aurait étonné que Jimpson en engageât un « porteur de tresse » comme tous les *gens de l'ouest* (de l'ouest des États-Unis), il ne pouvait pas les sentir.

Mortimer et François Bontemps se regardèrent sans mot dire : une fois de plus, le mystère s'obscurcissait.

— Nous allons réfléchir, mister Gibbons, conclut Mortimer. Demain nous vous dirons notre décision.

— A votre disposition, gentlemen, fit le gros homme en s'inclinant.

— Votre avis, Bontemps ? questionna Mortimer, au jeune Français dès que tous deux eurent regagné l'hôtel où ils étaient descendus.

— Je crois ce Gibbons sincère, bien

qu'un peu pirate. L'histoire de sa séparation d'avec Jimpson m'apparaît peu claire et vous eussiez sûrement embarrassé notre homme en insistant.

— Je l'ai compris. Il nous reste à prendre une décision. Gibbons peut nous être utile. Il connaît les îles et les habitudes de Jimpson. Il nous fera visiter les endroits que fréquentait la *Malaïta*. A défaut d'autre chose, nous pourrons ainsi recueillir d'autres renseignements sur le schooner et son mystérieux capitaine.

— Nous n'avons pas le choix, d'ailleurs, murmura François.

— Vrai. Donc, nous engagerons Gibbons. Il est justement à la recherche d'une situation. Nous allons acheter une goélette, et partirons le plus tôt possible. Et voilà un emploi tout trouvé pour votre jeune Barnaby qui doit s'ennuyer à ne rien faire.

Matthew Gibbons, à qui, le lendemain, Mortimer et François Bontemps vinrent annoncer leur décision, ne montra qu'un enthousiasme modéré à accepter leurs propositions. Il consentit pourtant à occuper les fonctions de « mate » (second capitaine) sur le schooner que Mortimer se proposait d'acquérir, moyennant la solde élevée de vingt livres (500 francs) par mois.

Restait à trouver la goélette. En y mettant le prix fort, Mortimer eut vite trouvé ce qu'il lui fallait : un schooner de quatre-vingts tonneaux environ, qu'il acquit moyennant quatre cent cinquante livres sterling. La *Lucy* — tel était le nom du bâtiment — datait d'une dizaine d'années à peine et la finesse de ses formes devait lui permettre de fournir une bonne vitesse par vent favorable.

Matthew Gibbons, que Mortimer chargea de recruter l'équipage, commença par se débarrasser des matelots qui se trouvaient à bord et, à leur place, engagea une douzaine de Canaquels de l'île de Guadalcanar, encore à demi sauvages, mais bons marins. Deux matelots tahitiens qui se trouvaient à Tulagi à la suite du naufrage de la goélette sur laquelle ils avaient quitté leur pays, furent adjoints aux Canaques par Mortimer, ce qui parut fort mécontenter Gibbons, qui était jaloux de ses prérogatives.

Les provisions, ainsi que quelques armes, ayant été embarquées, la *Lucy* quitta Tulagi sous le commandement de Mortimer.

Une fois en mer, Mortimer dut s'avouer que Matthew Gibbons était un excellent marin qui s'entendait comme pas un à la manœuvre. Les deux Tahitiens, Noah-Noah et Teao, connaissaient également bien leur métier. Aussi tout alla bien à bord de la goélette : les Canaques, se sentant bien dirigés, n'essayèrent pas de paresser comme à leur habitude.

En cinq jours, la *Lucy* atteignit la côte nord de l'île d'Espirito-Santo, la plus grande et la moins connue des Nouvelles-Hébrides. La goélette, successivement visita toutes les baies de la côte, s'arrêtant devant les plus petits établissements disséminés le long du rivage. Mais la plupart des Européens que Mortimer et François Bontemps interrogèrent ne se trouvaient dans le pays que depuis peu, et aucun d'entre eux n'avait entendu parler de la *Malaïta* ni de Jimpson.

— A mon idée, affirma Matthew Gibbons, nous trouverons trace de la *Malaïta* sur la côte est. Je me souviens très bien, maintenant, que Jimpson m'avait parlé de la baie de Saint-Philippe, où, disait-il, il comptait se rendre. Reste à savoir, seulement, si la *Malaita* n'a pas sombré avant d'arriver dans la baie. C'est une chance à courir.

— Allons donc dans cette baie de Saint-Philippe ! acquiesça Mortimer qui n'avait pas de préférence.

— On pourrait, objecta François Bontemps, passer par le sud, au lieu de revenir sur nos pas : cela nous permettrait de voir de nouvelles figures et, qui sait ? de recueillir d'autres renseignements...

Matthew Gibbons fut de l'avis du jeune Français et la goélette continua sa route vers le sud.

Deux jours plus tard, elle doubla le cap Lisbrun, au sud-ouest de l'île et se dirigea vers la petite île Malo. Malheureusement, le vent tomba et le courant, assez violent, fit dériver le schooner vers le nord, c'est-à-dire vers la terre.

— Aucun danger ! affirma Matthew Gibbons. La côte est saine de ce côté et les fonds sont bons. Lorsque nous serons à deux ou trois milles de terre, nous mouillerons et attendrons que la brise revienne !

Le conseil, somme toute, était sage. Mortimer l'approuva.

Dans la nuit qui suivit, la *Lucy*, entraînée par le courant, continua à se rapprocher de terre. Au jour, Mortimer, par prudence, fit jeter les ancres. Le schooner s'immobilisa, à environ deux milles de la côte.

— Mais, on dirait que c'est habité, par ici ? s'écria soudain François Bontemps qui, aux premiers rayons du soleil, avait saisi une longue-vue avec laquelle il examinait le rivage.

La côte, à cet endroit, se composait de hautes falaises recouvertes d'une végétation luxuriante : orangers, pal-

miers nains, fougères arborescentes, manguiers sauvages, bananiers se pressaient en un fouillis d'un vert sombre dont la base trempait dans l'eau bleue. A la cime de la falaise, un grand bâtiment blanc, simple de lignes, se distinguait parmi les arbres.

— Une belle installation, ma foi ! fit François Bontemps à Mortimer. Ce doit être une grande plantation..., Oh ! mais...

Le long d'un mât placé auprès de la maison, le pavillon français montait lentement.

— Des Français ! Ce sont des Français ! exclama François.

— Voilà qui va vous faire plaisir, Bontemps ! fit Mortimer, souriant.

— Oui ! Cela émeut toujours de voir le drapeau de sa patrie, capitaine, surtout si loin ! Nous allons rendre visite à ces Français, n'est-ce pas ? S'ils ne nous renseignent pas sur ce qu'est devenue la *Malaita*, du moins, seront-ils heureux de voir un compatriote !

— C'est le bâtiment de la mission religieuse du cap Lisburn, expliqua Gibbons en rejoignant les deux amis.

Occupé à surveiller le mouillage et l'installation des ancres, il n'avait pas assisté au commencement de cet entretien.

— Il y a deux ou trois missionnaires, continua-t-il, qui s'occupent à catéchiser les noirs. Et ils ont fort à faire avec ces damnés Cannibales !

Matthew Gibbons, lui, n'était pas d'avis de descendre à terre, du moins en ce qui le concernait personnellement. Mortimer et François Bontemps, à part eux, pensèrent que le digne *mate* devait déjà être venu dans ces parages *recruter* des *travailleurs libres*, et qu'il craignait, sans doute, d'être reconnu par les parents de ses victimes. Ils n'insistèrent pas. Aussi bien était-il plus prudent qu'un Européen restât à bord.

Un canot monté par quatre marins canaques conduisit François et Mortimer à terre.

Les deux hommes, carabine en mains au cas de mauvaise rencontre, escaladèrent la falaise en suivant un petit sentier qui serpentait à travers les fourrés.

En trois quarts d'heure, ils atteignirent le bâtiment de la mission. Un seul religieux, le père Bernard, grand vieillard à barbe blanche, à la physionomie à la fois énergique et bienveillante, se trouvait là, il accueillit ces visiteurs avec joie et exigea qu'ils acceptassent de partager son modeste déjeuner.

Mis à l'aise par la bienveillance de leur hôte, Mortimer et François ne lui cachèrent pas l'objet de leur voyage sur la côte des Hébrides, qui était de retrouver la *Malaïta* ou, du moins, de savoir ce qu'elle était devenue.

— La *Malaïta* ? s'écria le père Bernard. Il me semble que je connais cela ! C'était une goélette que commandait un Américain... oui, c'est bien cela... Jimpson. Un peu recommandable individu, hélas ! Il passa ici, il y a dix ans, ou même onze, et attira une centaine de pauvres Canaques à bord de sa goélette et, profitant de ce qu'ils étaient ivres — et c'était lui qui les avait enivrés ! — leva l'ancre. Mais sa mauvaise action ne lui profita pas ; le lendemain, nous eûmes un typhon si violent que le toit, ici, en fut emporté. D'après ce que j'appris par un de mes catéchumènes, la *Malaïta*, drossée par la bourrasque, fit côte du côté du cap d'Antom, à une trentaine de milles dans l'est... Je ne sais si Jimpson s'en

tira. Mais je ne le crois pas probable, étant donné la violence de l'ouragan !

« C'est à peu près tout ce que je sais, messieurs ! En interrogeant les naturels du cap d'Antom, peut-être saurez-vous autre chose... Essayez ! Les Canaques, de ce côté, ne sont pas pires qu'ailleurs : ils sont un peu anthropophages, mais, en général, ils n'attaquent le blanc que rarement et le craignent plutôt...

La conversation continua ainsi. L'on parla de la France, de l'Europe lointaine.

Vers cinq heures du soir, François Bontemps et Mortimer, après avoir remercié le bon religieux de sa bienveillante hospitalité, le quittèrent et regagnèrent la goélette.

Tandis que le canot les ramenait à bord, le vent se leva. Lorsqu'ils arrivèrent à bord, Matthew Gibbons, qui les avait vus, s'occupait déjà à faire relever les ancres.

Dès qu'elles furent dérapées et que la *Lucy*, ses voiles établies, fila vers le large, Mortimer fit part à Gibbons de ce qu'il venait d'apprendre. A sa grande surprise, le *mate* ne manifesta aucun enthousiasme.

— Hum ! grogna-t-il. Je suis persuadé que le père Bernard s'est trompé... Il est vieux et ne se souvient pas bien de ce qu'il a vu. Il aura confondu la *Malaïta* avec un autre bâtiment ! Allez, je connais Jimpson ! Jamais, il ne serait revenu par ici ! Lorsque la *Malaïta* y vint, j'étais à bord ; nous recrutâmes, en effet, une centaine de « têtes crépues » que nous amenâmes en Australie. Et, naturellement, ce serait fou de croire que Jimpson ait été assez naïf pour revenir ici ! C'eût été se jeter dans la gueule du loup !

— Pourtant, objecta François Bontemps le père Bernard ne peut avoir confondu : il s'est même souvenu du nom de Jimpson !

— D'accord, mais il s'est trompé de date. La *Malatta* est bien venue ici, mais elle en est partie sans avoir rencontré de typhon ! C'est une autre goélette dont le nom, sans doute, se rapprochait de celui du navire de Jimpson qui s'est perdu. L'erreur est facile, les goélettes qui portent les noms en *a*, sont nombreuses dans les îles. J'ai connu la *Martha*, la *Bertha*, la *Markoura*, la *Malvina*... Oui et même la *Malvina* s'est perdue. C'est peut-être d'elle qu'a voulu parler le père Bernard !

— Possible, fit froidement Mortimer ; mais nous allons, avant toute autre chose, aller au cap d'Antom nous renseigner !

Matthew Gibbons rougit fortement.

— Si vous ne me croyez pas, capitaine Mortimer, grogna-t-il, ce n'était pas la peine de me prendre à bord. Quant à aller au cap d'Antom, vous êtes libre, si cela vous plaît, de perdre votre temps à cela, et de risquer la *Lucy* sur les récifs qui l'entourent. Moi, je m'en lave les mains ! Je ne suis que *mate* ici à bord, et j'obéis.

« Mais je vous le dis, à votre place, capitaine, je filerais mon loch et ne m'attarderais pas aux racontars d'un vieillard qui ne sait plus bien ce qu'il dit... Et puis, peut-être que vous feriez mieux de vous hâter, car vous risquez que d'autres vous devancent... Le vieux Bourke est un bavard, et je ne m'étonnerais pas que d'autres *traders* se mettent en tête de rechercher eux aussi la *Malatta* et de la retrouver avant vous... Enfin, vous ferez ce que vous voudrez, je vous le répète !

Et Matthew Gibbons, marchant vers le bastingage, alla cracher dans la mer ; il se retourna, comme pour voir l'effet de ses paroles sur Mortimer, et, après un bref silence, demanda :

— Quelle route, sir ?

— Droit sur le cap d'Antom, monsieur Gibbons, dit tranquillement l'ancien capitaine du *Rainbow* qui, sans attendre de réponse, entraîna François Bontemps dans sa cabine et, dès qu'ils furent seuls, murmura :

— Animal bien têtu que ce Matthew Gibbons, et à surveiller. Vous me ferez plaisir de ne pas le perdre de vue.

— Oh ! je crois qu'il a simplement insisté par amour-propre blessé ! fit le jeune Français.

— A moins qu'il ne m'ait menti jusqu'ici. Tout est possible !

— Dans quel but ?

— Je n'en sais rien... Peut-être simplement pour se faire engager à bord. Nous verrons. En attendant, montons dîner : c'est l'heure !

CHAPITRE VI

ABANDONNNÉS

Après avoir causé quelques instants encore, le capitaine Mortimer et François Bontemps remontèrent sur le pont de la goélette. La *Lucy*, sous ses basses voiles et ses focs, glissait lentement sur l'eau calme que rougissaient les derniers rayons du soleil à son déclin. Au loin, vers l'est, la massive silhouette du cap d'Antom se distingua vaguement.

La table était dressée à l'arrière du petit bâtiment. Mortimer et François allèrent s'y asseoir. Matthew Gibbons, après un dernier coup d'œil à la voilure, les rejoignit.

— La Malaïta, s'écria le Père Bernard, il me semble que je connais cela !

— Faites venir un peu au vent, mister Gibbons, lui dit Mortimer à mi-voix. La brise est faible et la marée monte. Il faut gagner sur la dérive.

— Yes, sir, fit le « mate » qui, sans faire d'observations, alla assurer l'exécution de cet ordre. Après quoi, il revint s'asseoir auprès des deux hommes.

Le repas, servi par le cuisinier canaque, fut rapide et silencieux. Une certaine gêne pesait. Gibbons, bien qu'il affectât l'impassibilité, ne parvenait pas à dissimuler son mécontentement. Mortimer était impénétrable comme à son habitude. Quant à François Bontemps, il se demandait comment allait finir l'aventure dans laquelle il était engagé.

Évidemment, — ce n'était que trop prouvé ! — le Chinois Wung-Hi avait menti à Mortimer lorsqu'il lui avait affirmé que Jimpson était mort à Suva. Mais n'avait-il pas menti aussi en disant que l'inscription indéchiffrable se rapportait à un trésor ? Une seule chose apparaissait vraie, c'est que Wung-Hi, indubitablement, avait connu Jimpson et la *Malaita*. Mais où, et comment, puisque Gibbons niait qu'il y eût jamais eu de Chinois à bord de la *Malaita* ?

Maintenant, que croire ? Gibbons lui-même était-il sincère ? Pourquoi cette répugnance à se rendre au cap d'Antom ? Était-ce tout simplement parce qu'il y était déjà allé et qu'il y avait recruté ? Mais dans ce cas, nul ne l'obligeait de descendre à terre ?

Et Jimpson ? Était-il mort ? Rien ne le prouvait, somme toute ! Et il se pouvait très bien qu'il se fût emparé depuis de l'hypothétique trésor, si trésor il y avait ! Dix ans avaient passé. Et en dix ans, bien des choses se font,

Mortimer et François Bontemps risquaient fort, en admettant qu'ils retrouvassent la *Malaita*, de la retrouver vide...

— Bah ! conclut philosophiquement François à part lui, si nous ne trouvons rien, cela m'aura toujours fait voyager et voir du pays ! C'est toujours cela... Et puis, une fois cette affaire réglée, nous aurons à nous occuper de savoir ce qu'est devenu l'aimable Krapff avec lequel nous avons un petit compte à régler. Et j'imagine que le capitaine Mortimer, malgré qu'il n'en parle plus, ne doit pas l'avoir oublié...

Les quelques bananes composant le dessert ayant été servies, cependant, Matthew Gibbons, prétextant la fatigue, souhaita bonne nuit à ses compagnons de table et descendit dans sa cabine, laissant le quart à Mortimer dont c'était le tour de veille.

La goélette, glissant à faible allure sur la mer calme, ne serait pas au cap d'Antom avant trois ou quatre heures du matin. D'ici là, la présence d'un seul Européen sur le pont était nécessaire.

Resté seul avec François Bontemps, Mortimer, à mi-voix, lui confia ses projets pour le lendemain. D'abord, s'aboucher avec les naturels et essayer d'apprendre d'eux l'endroit exact où avait sombré la *Malaita*. Une fois le gisement du bâtiment naufragé établi, Noah-Noah plongerait pour essayer de se rendre compte de ce que contenait la goélette.

— Mais il faudrait un appareil de scaphandrier ! objecta François.

— J'en ai fait embarquer un à Tulagi, avec sa pompe à air et tous ses accessoires. Il est dans la caisse qui est près de la cuisine. J'avais oublié de vous en parler. Donc, de ce côté, nous sommes *parés*. Reste à savoir si la *Malaita* n'a pas sombré par grands fonds, auquel cas toute recherche serait impossible, les scaphandriers ne pouvant guère s'aventurer à plus de quarante mètres de profondeur...

— Oh ! Si le trésor était inaccessible, en admettant qu'il soit à bord de la *Malaita*, Jimpson n'aurait pas pris la peine de fabriquer le mystérieux cryptogramme qui nous a donné tant de peine inutile, fit François, et nous...

— Monsieur François ! Vous ne pourriez pas me donner une boîte d'allumettes ? J'ai oublié d'en acheter à Tulagi, et les Canaques ne veulent pas me donner du feu ! Je...

François et Mortimer se retournèrent et aperçurent dans l'ombre la silhouette maigre de Barnaby Cringle. Mortimer fronça les sourcils. Il n'admettait pas qu'un mousse se permît pareille liberté.

François Bontemps, bienveillant, prit la boîte d'allumettes qui se trouvait sur la table et, la tendant à Barnaby, murmura :

— Une autre fois, mousse, il ne faut pas...

Barnaby Cringle s'était avancé vers les deux hommes. Tout en saisissant la boîte d'allumettes, il se pencha vers François et murmura :

— Descendez en bas, monsieur François, je veux vous parler !

Puis, à haute voix, le mousse conclut :

— Merci beaucoup, monsieur François ! Et je vous demande bien pardon du dérangement !

Sa boîte en main, le mousse s'éloigna de son pas traînant et disparut dans l'écoutille desservant les cabines. François Bontemps, après quelques secondes d'étonnement, put se reprendre :

— Animal de mousse ! dit-il tout haut. Ça ne respecte rien ! Le plus drôle, c'est que je lui ai donné ma boîte d'allumettes et que je ne puis plus allumer ma cigarette, maintenant ! Vous m'excusez une seconde, capitaine ? Je vais en chercher une autre !

— Faites ! acquiesça Mortimer sans que François pût deviner s'il avait ou non entendu l'avis du mousse.

Étant descendu dans sa cabine, François y trouva Barnaby.

— Qu'est-ce que cela veut dire ? demanda-t-il, sitôt la porte fermée.

— Ça veut dire que, pendant que vous causiez tranquillement, le vieux Gibbons vous écoutait... Paraît même que ça l'intéressait. Il est remonté sur le pont tout à l'heure et est allé s'étendre sous la voile de flèche, vous savez, celle qui est déchirée et qui est sur le pont, au pied du grand mât. Et vous, vous n'avez rien vu ! Mais moi, je le veille, cet oiseau ! Mais, naturellement, je ne pouvais pas vous prévenir tout haut : il aurait entendu et ça ne lui aurait pas plu. Vaut mieux, n'est-ce pas, qu'il se doute de rien.

— Tu as bien fait, mon garçon ! Mais pourquoi, diable, te méfies-tu du *mate* ? As-tu des raisons pour cela ?

— Beaucoup, mister François ! D'abord, il est trop familier avec les « têtes crépues ». Il connaît leur patois et cause plus qu'il ne faut avec eux... il leur donne des cigares, du tabac, les laisse dormir pendant qu'ils sont de quart, au lieu que le capitaine Mortimer est sévère... Tout ça, n'est pas clair... pas vrai ? *Chacun à sa place et la barque est droite*, comme disait le capitaine de la *Reine-Mab*, qui s'y connaissait !

— Tu n'es pas un imbécile, Barnaby ! Et tu as bien vu. Continue à surveiller le *mate* et arrange-toi pour me prévenir si tu découvres quelque chose d'anormal !

— Pas peur ! On aura l'œil ! affirma le mousse. Et maintenant, je file ! Faudrait pas qu'*il* se doute de quelque chose !

Sur quoi l'ingénieux Barnaby ouvrit la porte de la cabine et disparut.

François, après avoir pris une boîte d'allumettes sur sa table, remonta sur le pont. Mortimer n'avait pas bougé de sa chaise. Il se leva en apercevant le jeune Français et, dès qu'il l'eut rejoint, murmura :

— Que vous a dit le mousse ?

François Bontemps s'étant assuré que, cette fois, nul ne pouvait l'entendre, répéta à Mortimer les confidences de Barnaby Cringle.

— Il observe bien, le boy ! fit l'ancien capitaine du *Rainbow*. Mais je m'étais aperçu de tout cela. Peu importe, d'ailleurs, ce que peut penser ou projeter Matthew Gibbons. Je le surveille.

Quelques minutes durant, les deux hommes causèrent, puis François alla s'étendre dans son cadre. Mais, bien qu'il fût fatigué, il ne put dormir : il était trop préoccupé pour cela.

Vers quatre heures du matin, Barnaby Cringle vint le réveiller et l'avertit que la *Lucy* était en panne devant le cap d'Antom et qu'on allait mouiller. François, s'étant rapidement habillé, monta immédiatement sur le pont. Comme il y arrivait, il entendit le « plouf » caractéristique de l'ancre en heurtant la surface de l'eau et le bruissement de la chaîne à travers l'écubier.

— Nous allons déjeuner, fit Mortimer en marchant à sa rencontre, et débarquerons aussitôt.

François s'inclina. La goélette se trouvait à moins d'un demi-mille de terre, à l'abri de la massive falaise constituant le cap d'Antom. Sur la plage de corail, le jeune homme distingua quelques indigènes qui, en groupe, regardaient curieusement la goélette.

Rapidement, François et Mortimer trempèrent quelques biscuits dans un bol de café noir, cependant que l'équipage descendait un canot à la mer sous la direction de Gibbons.

Leur déjeuner terminé, les deux amis s'armèrent chacun d'une carabine et de quelques cartouches et descendirent dans l'embarcation où les attendaient deux Tahitiens que Mortimer voulait emmener.

— Nous serons ici dans deux heures au plus, fit Mortimer à l'adresse de Matthew Gibbons. Veillez à ce que l'ancre tienne bien ! le fond n'a pas l'air fameux... Si vous voyez que l'ancre chasse, n'hésitez pas à prendre le large et tirez des bordées en nous attendant !

— Vous pouvez vous en reposer sur moi, sir, affirma Gibbons dont le visage avait perdu son expression de mécontentement. Je connais l'endroit ! Mais le baromètre est haut et la marée descend... Rien à craindre pour l'instant.

« Je vais, en vous attendant, faire tout préparer pour l'appareillage, quoique cela : on ne sait jamais, et puis, comme je vous l'ai dit, je suis persuadé que vous ne trouverez rien à glaner ici... vous verrez ! Le vieux Gibbons sait ce qu'il dit, allez ! La *Malaïta* n'est pas ici !

— Veillez bien ! répéta Mortimer,

sans daigner répondre aux protestations de *mate*. Avant, partout !

Les quatre Canaques assis dans le
canot firent vigoureusement mouvoir
les avirons. L'embarcation, rapidement, fila vers la terre.

A l'avant de la goélette, debout sur
un des bossoirs des ancres, François
Bontemps aperçut Barnaby Cringle qui
regardait le canot avec des yeux avi-
des... Le brave mousse aurait bien voulu qu'on l'emmenât, mais Mortimer
avait préféré qu'il restât à bord pour
surveiller Gibbons.

En quelques instants, l'embarcation
atteignit la plage et s'échoua sur le
sable. François Bontemps et Mortimer
se firent chacun porter à terre sur les
épaules d'un matelot canaque, pour ne
pas se mouiller les pieds, et, arrivé sur
un terrain sec, renvoyèrent les noirs
dans le canot avec ordre d'attendre
leur retour.

Puis les deux hommes, escortés des
Tahitiens Noah-Noah et Teao, se dirigèrent vers le groupe des indigènes.

Ceux-ci, des Canaques à têtes crépues, à lèvres épaisses, ne bougèrent
pas, mais, instinctivement, portèrent
les mains aux arcs et aux lances dont
ils étaient munis. C'étaient de grands
gaillards musclés ; leurs faces, suivant
la coutume, avaient été noircies à l'aide
de charbon de bois et leurs cheveux
blanchis avec des cendres. Plusieurs
queues de cochon fraîchement coupées
étaient suspendues à leurs nez et à
leurs oreilles. Ils étaient nus, sauf
— autour du cou — un collier de petits os de doigts humains. Les poin-
tes de leurs longues lances étaient faites de même matière, un tibia limé.
L'un d'eux, qui paraissait être le chef,
portait un rang de petits coquillages
blancs autour du front.

Mortimer, ayant ostensiblement ac-
croché sa carabine à son épaule, pour
bien montrer qu'il n'avait pas d'inten-
tions agressives, s'avança vers les
noirs, et, par signes, leur fit comprendre de venir à sa rencontre. Après un
bref conciliabule, ils obéirent, lentement. Évidemment, ils se méfiaient.

— Moi, pas recruter ! cria Mortimer.
Moi, ami... Donner biscuits et cou-
teaux.

Les Canaques restèrent impassibles.
Arrivés à une douzaine de pas de Mortimer et de François Bontemps, ils
s'arrêtèrent de nouveau, hésitants sur
ce qu'ils devaient faire.

— Restez là, fit Mortimer à François. Je vais seul à leur rencontre. Il
faut leur donner confiance ou nous
n'obtiendrons rien !

Le jeune Français s'inclina en signe
d'acquiescement. Mortimer, tranquillement, continua à avancer vers les
Canaques. Il fut bientôt au milieu
d'eux et François, après quelques paroles échangées, le vit qui, de son
bras étendu, désignait la mer ; il demandait si les noirs avaient connaissance d'une goélette ayant sombré non
loin de là. Les naturels, après une
brève discussion, commencèrent à faire de grands gestes...

François sentit son cœur battre plus
fort ; il lui sembla que les Canaques
indiquaient l'extrémité de la plage.

Ainsi le père Bernard ne s'était pas
trompé !

Deux ou trois minutes s'écoulèrent,
puis Mortimer, se tournant vers François, cria :

— Venez !... Je crois que nous...

Plusieurs détonations retentirent.
Atteint d'une balle dans la tête, le Canaque dont le front était ceint du collier de coquillages s'affaissa sur le

ble, tandis que deux de ses congénères, blessés, s'enfuyaient en hurlant.

François Bontemps pâlit : les projectiles étaient partis de la *Lucy* ! Il se tourna vers le large et vit, debout à l'arrière de la goélette, Matthew Gibbons et deux des marins canaques, ayant chacun une carabine en mains...

Mais le jeune Français n'eut pas le temps d'en distinguer plus. Il entendit Mortimer qui l'appelait à l'aide. Car les Canaques, indemnes, croyant être tombés dans un guet-apens, se précipitaient vers lui.

François vit l'ancien capitaine du *Rainbow* reculer, et, de la crosse de sa carabine, se débarrasser de deux de ses ennemis les plus proches en leur cassant la tête :

— Noah-Noah ! Teao ! A moi ! cria-t-il.

Les Tahitiens s'élancèrent à sa suite. D'autres détonations claquèrent : Mortimer, ayant pris du large, tirait. Plusieurs Canaques tombèrent. A son tour, François et les Tahitiens firent feu, abattant chacun leur homme. Mais presque aussitôt ils n'eurent plus personne devant eux, les Canaques encore debout, ayant disparu dans les buissons environnants.

— Au canot ! Vite ! s'écria Mortimer.

Mais il n'avait pas fait trois pas qu'il s'arrêta : le canot, lentement, s'éloignait dans la direction de la goélette. Sans doute, les matelots canaques avaient reçu des ordres de Matthew Gibbons !

— Le misérable bandit ! gronda Bontemps. Nous aurions dû nous en...

Des sifflements aigus et un cri d'angoisse poussé par Noah-Noah couvrirent la voix du jeune Français. Une grêle de flèches lancées par les naturels abrités dans le feuillage s'abattait sur Mortimer et ses compagnons ; Noah-Noah en avait reçu une dans la jambe. Il tomba.

— A terre, tous ! ordonna Mortimer sans que sa voix montrât la plus petite altération.

A son exemple, François et Teao s'aplatirent sur le sable. Autour d'eux, les longues flèches continuèrent à pleuvoir.

Noah-Noah poussa un gémissement : le projectile, enduit du terrible poison des Cannibales, le faisait atrocement souffrir ; sa jambe enflait à vue d'œil.

Au risque d'être atteint, Mortimer rampa vers lui et, de son couteau, ouvrit la plaie du Tahitien et y versa quelques gouttes d'une solution au permanganate de potasse, seul remède ayant quelque pouvoir sur le venin.

Mais, déjà, c'était trop tard. L'infortuné Noah-Noah, en proie à d'horribles souffrances, se tordit une minute durant sur le sol qu'il égratigna de ses ongles, puis, après un soubresaut plus fort, ne bougea plus, comme pétrifié. Mort !

— La goélette ! exclama François Bontemps en tendant le poing vers le large.

Tous tournèrent les yeux vers l'océan et virent la *Lucy*, son ancre dérapée, ses voiles hissées, s'incliner coquettement à la brise et s'éloigner.

Une tempête de hurlements sauvages se mêla soudain au bruissement des flèches : des halliers voisins, plus de cent Cannibales en armes surgirent ensemble et se ruèrent vers les trois hommes :

— Feu ! Feu ! cria Mortimer en se dressant.

CHAPITRE VII

KRAPFL EN CAMPAGNE

Ce n'est qu'en vieillissant que l'on constate la profonde sagacité de certains proverbes. On les apprend par cœur lorsqu'on est jeune, mais la tête n'y est point.

Il est absolument certain, par exemple, que le mousse Barnaby Cringle avait entendu parler de certain précepte ainsi conçu : *La parole est d'argent et le silence est d'or*, et aussi de cet autre aphorisme non moins sage : *Trop gratter cuit, trop parler nuit.* Oui, Barnaby Cringle connaissait ces maximes, mais il ne les quittait pas en pratique, ce qui devait lui attirer les plus tragiques mésaventures.

Car, ainsi qu'on s'en souvient, les vantardises du mousse à ses camarades, dans le cabaret de Blanckfriars, avaient eu un auditeur intéressé, lequel à peine Barnaby Cringle hors du *Flying Dutchman Saloon*, s'était fait conduire en taxi à l'ambassade d'Allemagne.

Cet homme, Rudolf Storff, pour l'appeler par son nom, n'était rien moins que le propre cousin d'Arnold Berein, le second capitaine de la *Comet*, que François Bontemps avait si proprement abattu d'un coup d'épissoir lors du duel de Mortimer avec Krapfl.

Rudolf Storff avait pour principale occupation de naviguer. Mais il naviguait le moins possible. Il préférait au rude métier de marin des occupations plus profitables, telles que celles de contrebandier, cambrioleur, voleur ou espion. C'était même en cette dernière qualité qu'il était employé par l'ambassade d'Allemagne à Londres. Oh ! pas pour des besognes bien importantes, et que Rudolf n'eût pu remplir. Non. Simplement pour assassiner à l'occasion quelque personnage policier ou autres, dont l'ambassade germanique redoutait la perspicacité. Par deux fois déjà, Rudolf avait eu l'occasion de rendre de semblables services à ces excellents Allemands, moyennant cent livres sterling chaque fois, comme de juste. Aussi, lorsque les affaires allaient mal, Rudolf était-il toujours sûr de trouver chez le concierge de l'ambassade les quelques shellings devant lui permettre d'attendre les meilleurs jours.

Rudolf Storff n'avait pas perdu une seule des paroles du mousse. Et de tout ce qu'il avait entendu, en avait conclu qu'il y avait là pour lui une affaire profitable. Tout d'abord, avait-il pensé, il fallait savoir ce que devenait Berein, et s'assurer s'il était encore vivant. S'il était mort, eh bien, lui, Rudolf, s'aboucherait avec le capitaine Krapfl. C'était simple.

Depuis une dizaine d'années, Rudolf n'avait plus eu de nouvelles de Berein. Il savait qu'il était devenu officier, qu'il s'était fait naturaliser Américain. Et c'était tout. Aucun des deux cousins ne pensait tirer quelque avantage de l'autre, alors à quoi bon s'écrire ?

Berein, lorsqu'il parlait de Rudolf, haussait les épaules et prononçait le mot peu flatteur de *wacke* (voyou).

Rudolf, lui, affirmait que son cousin était un damné rascal qui avait sûrement obtenu son brevet d'officier grâce à une distraction des examinateurs, attendu que c'était un fieffé idiot.

Mais, ce soir-là, Rudolf oubliait tous ses griefs. Il ne pensait qu'à la bonne affaire qu'il flairait. D'après ce qu'a-

Ceux-ci, des Canaques à têtes crépues, à lèvres épaisses, ne bougèrent pas.

vait dit Barnaby Cringle, il s'agissait de millions. Si ces millions, ou du moins une partie, pouvaient tomber dans sa poche à lui, Rudolf, voilà qui irait bien. Il en avait assez de risquer le gibet pour cent misérables livres.

Mais, avant tout, il fallait retrouver Berein, ou du moins Krapfl. Ce n'était pas difficile, Barnaby Cringle ayant déclaré à plusieurs reprises que leur navire était un trois-mâts américain, la *Comet*. Or, il existe des nombreuses publications maritimes qui donnent chaque jour le nom des navires qui arrivent, qui sortent, ou qui séjournent dans les principaux ports du monde. Rudolf connaissait ce détail. Il savait aussi que la collection complète de ces journaux se trouvait dans une antichambre du consulat allemand. C'est pourquoi il s'y était fait conduire aussitôt. Mais là, n'était pas son seul but. Il était à court d'argent. Or, si la *Comet* se trouvait en quelque port, il voulait pouvoir télégraphier immédiatement soit à Krapfl, soit à Berein. Pour cela, il fallait de l'argent, et Rudolf voulait en demander au portier.

Tout devait aller encore mieux qu'il ne l'espérait.

Après moins d'une heure de recherches, le hasard l'avait favorisé. Le *Marine News* de la semaine précédente lui avait appris que le trois-mâts baleinier américain *Comet*, capitaine Krapfl, venait d'arriver à San-Francisco pour y compléter son équipage. Pas d'erreur possible, c'était bien là le navire dont avait parlé le mousse !

Rudolf, radieux, avait immédiatement prié le concierge qui, par prudence, était resté à son côté tandis qu'il consultait les journaux de peur qu'il n'en emportât quelqu'un, de lui avancer dix livres.

Le portier, après quelques grognements, avait consenti à lâcher cinq souverains. Rudolf en avait assez. Après un bref remerciement, il s'était rendu aux bureaux de la compagnie du câble trans-océanique, lequel bureau ne ferme jamais et avait télégraphié ces quelques mots :

« Sais où se trouvent Mortimer, François Bontemps et Barnaby Cringle. Ils vont partir incessamment. Envoyer argent et instruction d'urgence. Rudolf Storff, 7, Peter street, Londres. E. E. »

Le câblogramme engloutit presque entièrement les cinq livres sterling prêtées par le concierge du consulat allemand. Il était adressé à Arnold Berein, second capitaine de la *Comet* ou, à son défaut, au capitaine Krapfl.

Le surlendemain matin, Rudolf, qui n'avait plus bougé du sordide logement qu'il occupait dans l'est de Londres, reçut un mot de l'administration des postes anglaises l'avisant qu'un mandat télégraphique l'attendait au Central-Office.

Le dit mandat était de cent livres sterling. Il était accompagné d'un long télégramme de Berein félicitant Rudolf de sa perspicacité et le priant de ne pas perdre de vue les *individus en question* et de télégraphier tous leurs déplacements à une adresse convenue.

Grâce au bavardage inconsidéré de Barnaby Cringle, Rudolf, très facilement, retrouva l'hôtel où logeait le mousse et celui où était descendu Mortimer. Par quelques pourboires habilement distribués, il sut que Fran-

çois Bontemps était à Paris d'où il allait bientôt revenir.

Quinze jours après l'envoi de sa première dépêche de San-Francisco, Rudolf reçut une longue lettre recom-
mandée d'Arnold Berein. Le second
de la *Comet* racontait en substance
qu'il avait difficilement survécu au
coup d'épissoir dont l'avait gratifié
François Bontemps (il n'en était pas
encore guéri !) et demandait à Rudolf
de s'occuper spécialement de Mortimer
et de tâcher de savoir ce qu'était devenue une certaine plaque d'os où des
lettres sans suite étaient tracées.

La lettre ne donnait pas d'autres explications sur la fameuse plaque d'os.
Mais Rudolf, à part lui, pensa que,
s'il parvenait à mettre la main dessus,
il faudrait que Berein et Krapfl payas-
sent cher pour l'avoir. Quant à s'occuper de Mortimer, Rudolf, sachant
ce que parler veut dire, en conclut
que Berein voulait s'en débarrasser et
se promit de combler son désir.

Ayant donc, jour par jour, télégraphié à Berein les moindres allées et
venues de Mortimer et de François
Bontemps, Rudolf s'était embarqué
avec eux à bord du paquebot *Ophir* à
destination de Sydney. C'était lui qui,
dans le canal de Suez, avait poignardé
Mortimer.

Près d'être pris, il s'était réfugié
dans la caisse de tôle supendue à
l'étrave du paquebot et qui contenait
le projecteur électrique et son opérateur. Comme ce dernier, surpris, avait
fait mine de crier, Rudolf, sans la
moindre hésitation, l'avait impitoya-
blement poignardé, ce qui lui avait
permis de rester tranquillement au côté du cadavre sans crainte d'être tra-
hi. Et, lorsque l'ardeur des recherches
avait diminué, Rudolf avait pu rega-

gner sa cabine sans être soupçonné
par personne.

Malheureusement pour ses projets,
la surveillance exercée à partir de ce
moment par François Bontemps et
Barnaby Cringle l'avait empêché de
renouveler son attentat. La rage au
cœur, il avait vu les jours passer et le
paquebot se rapprocher de la côte
australienne sans pouvoir rien tenter.
Et, contre toute attente, Mortimer se
rétablissait.

— Je me rouille ! en avait mélanco-
liquement conclu le bandit, qui, pour
la première fois de sa vie, avait raté
son homme.

A Sydney, Rudolf comptait trouver
Berein et Krapfl qui avaient télégraphié qu'ils l'y précéderaient, s'étant embarqués à San-Francisco à bord d'un
paquebot allant à Sydney, le *Pacific*.
Or, le *Pacific*, ainsi que Rudolf l'apprit, non seulement n'était pas arrivé,
mais encore avait été remorqué à
Hong-Kong, ayant brisé son arbre
d'hélice.

Une dépêche de Hong-Kong, qui arriva le lendemain à l'adresse de Rudolf,
lui annonça que Berein, Krapfl et plusieurs « amis » étaient dans le grand
port de la mer de Chine et qu'ils allaient appareiller pour Sydney à bord
d'un trois-mâts à moteur que Krapfl
avait acheté.

Mais, ce même jour, Rudolf, furieux
et impuissant, assista à l'embarque-
ment de Mortimer, François Bontemps
et Barnaby Cringle à bord du paquebot allant à Suva, îles Fidji.

L'*Odin* — tel était le nom du navire
acheté par Krapfl, — arriva à Sydney
deux semaines plus tard. En plus de
Berein et du maître d'équipage Ma-
thias Hansius, il avait à son bord les

quatre matelots allemands de la *Comet*, Rottenfeld, Garbuck, Kerfluss et Bittschlog, et le cuisinier nègre Bousca. Le reste de l'équipage était composé de Chinois et de métis embarqués à Hong-Kong.

Rudolf, qui ne quittait pour ainsi dire pas le quai, grimpa immédiatement à bord du trois-mâts. En quelques mots, il expliqua à Krapfl et à Berein ce qu'étaient devenus Mortimer et François Bontemps.

— Nous partons dans deux heures ! s'écria Krapfl, dès que le cousin de Berein eut fini de parler. Berein ! Cours à terre et occupe-toi de faire remplir nos caisses à pétrole qui sont vides. Dépêche !

« Cette fois, l'affaire est en bonne voie ! Mortimer doit avoir déchiffré la plaque d'os ! Il nous servira de guide.

— Il s'agit d'un trésor, hein ? demanda Rudolf, à qui cette question brûlait les lèvres depuis son départ de Londres.

Krafl fronça les sourcils :

— Il s'agit de ce qu'il s'agit, maître Rudolf, grommela-t-il sèchement. Lorsque j'aurai quelque chose à te dire, je n'attendrai pas que tu m'interroges.

« Berein m'a dit que tu naviguais de temps en temps. A partir de ce moment tu es *second mate* (deuxième officier) de l'*Odin*, dont je suis le capitaine. C'est compris ? Pour le reste, si l'affaire se conclut comme nous l'espérons tous, tu seras riche. Cela doit te suffire.

« Maintenant, file sur le pont, ça te fera visiter la barque. Je t'appellerai lorsque j'aurai besoin de toi !

Dompté, quoique furieux, Rudolf, pesamment, sortit du petit salon où avait eu lieu cet entretien.

Krapfl, resté seul, se prit à réfléchir.

La première dépêche de Rudolf l'avait rejoint à San-Francisco où il s'était rendu après avoir vainement poursuivi le canot contenant Mortimer et François Bontemps. Croyant que la fragile embarcation avait été engloutie, il avait abandonné ses projets de fortune et s'était résigné à reprendre la pêche à la baleine à bord de la *Comet* qui lui appartenait.

Pour cela, il fallait un nombreux équipage : le sien était diminué du tiers et Berein était mourant. Krapfl s'était donc décidé à gagner San-Francisco pour y engager de nouveaux hommes.

Alors qu'il s'apprêtait à repartir avec Berein guéri, le câblogramme de Rudolf était arrivé, remettant tout en question. Krapfl n'avait pas hésité. En plus de sa convoitise pour les richesses de la *Malatta*, il ressentait une haine féroce — une haine d'Allemand — pour Mortimer. Il avait donc vendu la *Comet* et, ayant su par Rudolf que Mortimer et François Bontemps s'embarquaient pour Sydney, avait projeté de les y devancer.

Il avait donc pris passage avec Berein et quelques autres sacripants, à bord du *Pacific*. Mais, comme on l'a vu plus haut, un banal accident de voyage l'avait empêché d'arriver à temps dans la grande ville australienne. Il avait alors changé ses projets et avait acheté à Hong-Kong, à un Chinois en faillite, l'*Odin* avec lequel il comptait poursuivre Mortimer à travers les mers du Sud.

Rien n'était perdu, puisque Mortimer et Bontemps étaient partis pour

Suva. Rien ne serait plus facile de les retrouver et de s'emparer d'eux. Ils ne soupçonnaient même pas l'existence de *l'Odin*. Une surprise serait facile. Et, une fois prisonnier à bord du navire de Krapfl, il faudrait bien que Mortimer restituât une plaquette d'os et en donnât la traduction. Krapfl saurait l'y contraindre par les pires supplices. Après avoir obtenu de lui ce qu'il désirait, il le ferait périr en de hideuses tortures...

François Bontemps, cet imbécile de Français, subirait le même sort. Ensuite, Krapfl se débarrasserait de cet idiot de Bèrein et de cette brute de Rudolf, et reviendrait en Allemagne, riche à millions...

Une heure durant, Krapfl songea ainsi. Il constata avec satisfaction, en remontant sur le pont, que deux citernes flottantes pleines de pétrole étaient déjà le long du bord et vidaient leur contenu dans les réservoirs de *l'Odin*. Tout allait bien.

Le jour même, le trois-mâts appareilla et atteignit Suva, sans incidents. Krapfl, sans difficulté, connut les démarches faites par Mortimer à l'hôpital, et sut ainsi que ni Jimpson, ni Wung-Hi n'avaient jamais mis les pieds à Suva, contrairement aux assertions du Chinois.

Cela rendit Krapfl pensif, mais il se rassura en pensant que Mortimer devait avoir la clé de cette énigme. Ayant su que Mortimer et François Bontemps étaient partis pour Tulagi, il y dirigea *l'Odin* sans perdre une seconde.

Le trois-mâts arriva aux îles Salomon le lendemain du départ de Mortimer et de François Bontemps pour l'île Bismarck où ils voulaient, on s'en souvient, consulter le colon allemand indiqué à Mortimer par Bourke, l'agent des plantations de la Warela.

Moins d'une heure après l'arrivée de *l'Odin* à Tulagi, Krapfl, qui était immédiatement descendu à terre, faisait connaissance avec Bourke et lui demandait s'il savait quelque chose sur deux hommes — dont il donna le signalement qui était celui de Mortimer et de François Bontemps — qui cherchaient à savoir ce qu'était devenu la goélette *Malaïta*.

Bourke ne fit aucun mystère pour raconter qu'il avait, en effet, parlé à ces deux « fous » et qu'il les avait envoyés à l'île Bismarck consulter un certain Karl Torruck qui avait connu Jimpson.

— Mais je doute, conclut Bourke, que Torruck leur soit de quelque utilité, car Jimpson ne racontait guère ses affaires. Vous recherchez aussi la *Malaïta*, vous ?

— Je cherche surtout à joindre les deux hommes en question ! déclara Krapfl. *Mais... je ne voudrais pas qu'ils le sachent !*

Un clignement d'yeux sinistre accompagna cette déclaration. Bourke comprit. C'était un homme aux idées larges :

— Ecoutez, dit-il, je crois avoir votre affaire. Vos deux hommes vont sûrement revenir bredouilles, ou peu s'en faut, de l'île Bismarck. Je leur ferai connaître un vieil ami, le capitaine Gibbons, qui a vraiment navigué avec Jimpson, mais qui, entre nous, ne connaît rien du sort de la *Malaïta*. Je le gardais pour la bonne bouche, vous comprenez, pour quand mes oiseaux reviendraient... J'avais mijoté une affaire...

« Mais je vois que nous sommes entre amis ! Nous ferons l'affaire ensem-

ble. Lorsque les deux bonshommes reviendront de l'île Bismarck, je leur ferai connaître Gibbons qui leur laissera entendre qu'il sait où se trouve la *Malaita*. Mes deux bonshommes ont l'air d'avoir de l'argent : Gibbons leur fera acheter une goélette soi-disant pour se rendre à l'endroit où a naufragé la *Malaita*. Et il conduira ladite goélette dans quelque baie où vous l'attendrez. Vous vous emparerez de vos deux « fellows » et moi, j'aurai pour moi la goélette. Ça va ?

— Ça va ! déclara Krapß, ravi.

— Alors, vous allez me verser deux cent livres, hein ? Mes petits renseignements valent bien ça ! conclut Bourke.

Krapß, avec une grimace, s'exécuta.

Le capitaine Gibbons fut appelé. Les trois bandits s'entendirent. Il fut convenu que Gibbons conduirait Mortimer et François Bontemps dans la baie d'Anfalu où l'*Odin* les précéderait. Et, à la nuit, Krapß et ses hommes envahiraient le navire de Morti-

mer pendant que Gibbons serait de faction.

Tout ayant été décidé dans les moindres détails, Krapß, sûr maintenant du triomphe, regagna l'*Odin* qu'il alla dissimuler dans une des nombreuses criques avoisinant Tulagi. Il regagna ensuite la capitale des îles Salomon et eut la satisfaction d'assister au retour de François Bontemps et de Mortimer, et d'apprendre l'achat de la *Lucy* et son départ avec le capitaine Gibbons à bord.

— Cette fois, ils sont à moi ! gronda Krapß.

Le soir même, il regagnait l'*Odin* qui, sous sa direction, fila vers la baie d'Anfalu, un large havre isolé et situé sur la côte est de l'île Espirito-Santo.

Certes, d'après tout ce qu'il avait appris, Krapß avait un moins grand espoir de retrouver l'épave de la *Malaita*, mais il était certain de s'emparer de Mortimer et, par conséquent, de la plaquette d'os. Une fois celle-ci en sa possession et Mortimer mort, il aviserait.

Les principaux personnages de ce roman se retrouveront dans le volume qui paraîtra la semaine prochaine sous le titre

Les Chasseurs de Têtes

Nos lecteurs en trouveront le début à la page suivante

LES CHASSEURS DE TÊTES

CHAPITRE PREMIER

JIMPSON

En voyant la troupe hurlante des Cannibales se ruer vers eux, François Bontemps, Mortimer et Teao, instinctivement s'étaient serrés les uns contre les autres. Ensemble, ils firent feu de leurs carabines. Plusieurs Canaques tombèrent. Leurs camarades, sans arrêter leur élan, leur passèrent sur le corps et arrivèrent sur Mortimer et ses deux compagnons. Il y eut un court corps à corps, qui coûta la vie à une demi-douzaine de Cannibales, abattus à coups de crosses. Mais, soudain, de larges filets de phormium à mailles serrées s'abattirent sur les trois hommes. En vain, de leur poignard, ils voulurent trancher le fatal réseau. L'acier des lames s'ébrécha contre la dure fibre. Et, avant que Mortimer et ses deux compagnons eussent pu réussir dans leurs tentatives, la horde des Canaques fut sur eux.

Emportés comme par une avalanche, ils roulèrent sur le sable, cependant qu'un déluge de coups de manches de lances s'abattit sur eux. En quelques secondes, leurs corps furent couverts de plaies. Contus, assommés plus qu'aux trois quarts, ils furent roulés dans les filets, jusqu'à ce qu'ils ne bougeassent plus. Un des leurs, alors, fit entendre un sifflement guttural. Les Canaques y répondirent par une exclamation de triomphe, et comme des ... se ... jetèrent sur les prisonniers.

François Bontemps, Mortimer et Teao furent dépouillés de leurs vêtements et enroulés dans un réseau de fines et dures cordelettes de la nuque aux talons. Les Canaques, après les avoir traînés derrière un buisson voisin, se partagèrent leurs dépouilles sans plus s'occuper d'eux.

Pendant ce temps, la *Lucy*, toutes ses voiles dessus, continuait à s'éloigner. Elle ne fut bientôt plus qu'un point clair entre la mer et le ciel.

Une heure durant, les Cannibales restèrent à palabrer sur la plage. Leur chef, un grand et maigre gaillard au front ceint d'un rang de coquillages roses, et dont le cou s'ornait d'un collier d'os humains polis — les os des doigts — fit enfin entendre un bref commandement.

Les Canaques, immédiatement, se réunirent, installèrent leurs armes sur leurs épaules, cependant que trois d'entre eux, parmi les plus robustes, chargeaient chacun un des prisonniers sur leur dos.

François Bontemps et Mortimer, entre temps, avaient repris connaissance. Ils virent avec stupeur les Canaques achever ceux d'entre eux qui étaient trop grièvement blessés pour pouvoir marcher, et, ce massacre accompli, hisser les cadavres sur leurs épaules. ... rien ... se port... ici ... murmura Mortimer, qui connaissait les mœurs des Cannibales. Ces braves gens emportent leur provision de viande. A défaut d'ennemis, ils mangent leurs...

328.	Les Drames de l'Amazone	G. Choquet.	388.	Les Forceurs de blocus	F. d'Argelles.
329.	Perdu dans la Forêt Vierge	G. Choquet.	389.	Le Géant noir	F. d'Argelles.
330.	Le Château du Lac	G. Choquet.	390.	Le Roi des Forêts	F. d'Argelles.
331.	Brulhelm, le Colosse Roux	G. Choquet.	391.	Le Nègre blanc	F. d'Argelles.
332.	Dans les Ténèbres éternelles	G. Choquet.	392.	Les Fantômes du Souterrain	F. d'Argelles.
333.	Au pays de l'Épouvante	G. Choquet.	393.	Le Paquebot vengeur	F. d'Argelles.
334.	Le Tour du Monde de Gaspard Bras-de-Fer	M. Mario.	394.	La Mort du Fauve	F. d'Argelles.
335.	Le Roi du Désert	M. Mario.	395.	Sauticot, gamin de Paris	Jacques Rinet.
336.	Au Cœur du Soudan	M. Mario.	396.	Une Poursuite mouvementée	Jacques Rinet.
337.	La Maison des Bandits	M. Mario.	397.	La Capture d'un bandit	Jacques Rinet.
338.	Les Chiens Policiers	M. Mario.	398.	La Bague à secret	S. Freidy.
339.	Les Naufrageurs de l'air	J. Moselli.	399.	La Main criminelle	S. Freidy.
340.	Les Espions de la Mer Jaune	J. Moselli.	400.	A travers la Jungle mystérieuse	S. Freidy.
341.	La Prison Aérienne	J. Moselli.	401.	La Fiancée du Maharajah	S. Freidy.
342.	Les Étrangleurs de Batavia	J. Moselli.	402.	La Cachette introuvable	S. Freidy.
343.	Le Désert de Boue	J. Moselli.	403.	Aventure d'un gentilhomme français chez les Gantois	J. Bernard.
344.	Le Trésor du Planteur	M. Mario.	404.	Le Pardon d'un roi	J. Bernard.
345.	La Vengeance du Pèlerin	M. Mario.	405.	L'Héritage de B.-P. Selton	A. Romagny.
346.	Le Sultan du Massalit	M. Mario.	406.	Les Victimes du « Loup Blanc »	A. Romagny.
347.	La Perle de Sumba	J. de Nauseroy	407.	Timor, le pirate	A. Romagny.
348.	La Taverne de la « Couronne »	J. de Nauseroy	408.	Le Valet de chambre milliardaire	A. Romagny.
349.	La Barrière de Feu	J. de Nauseroy	409.	La Vengeance d'un forban	A. Romagny.
350.	Le Trésor du lac d'argent	J. Aleyrac.	410.	L'esclave du silence	Guy Tong.
351.	Dans la Prairie « houleuse »	J. Aleyrac.	411.	Prisonniers du Chancelier rouge	Guy Tong.
352.	La Grande-Main-de-Feu	J. Aleyrac.	412.	Ruse d'espionne	Guy Tong.
353.	Le Canon Nocturne	J. Aleyrac.	413.	Le Plan de Lilian Maikiel	Guy Tong.
354.	La Vallée des Cerfs	J. Aleyrac.	414.	L'Étrange pouvoir d'un fakir	Guy Tong.
355.	L'Ile aux Lingots	Pierre Adam.	415.	Le Triomphe de l'homme sans nom	Guy Tong.
356.	Les Hommes Violets	Pierre Adam.	416.	Le Sire de Kargerac	José Moselli.
357.	Le Poteau Vivant	Pierre Adam.	417.	Yves le Corsaire	José Moselli.
358.	Le Prince Napoudja	G. Choquet.	418.	Les Fourberies de Scafali	José Moselli.
359.	Les Adorateurs du Serpent	G. Choquet.	419.	Le Roi des Incas	José Moselli.
360.	Les Assommeurs du Mananpour	G. Choquet.	420.	Le Savant Doublezède	José Moselli.
361.	Le Temple des Tortues	G. Choquet.	421.	Les Naufragés du Haï-Nan	P. Adam.
362.	La Fosse aux Tigres	G. Choquet.	422.	La trouvaille fatale	P. Adam.
363.	Le Téléluz	J. Moselli.	423.	Les Revenants du Lac Khanka	P. Adam.
364.	Les Diamants du Désert	J. Moselli.	424.	Le Trésor du Comte Doudisky	P. Adam.
365.	Les Rois du Rifle	Jo. Vallé.	425.	L'Homme à la Carabine	J. Moselli.
366.	Les Condors de la Sierra	Jo. Vallé.	426.	Assiégés par les Convicts	J. Moselli.
367.	Le Vallon du Tonnerre	Jo. Vallé.	427.	L'Auberge du Nandou	J. Moselli.
368.	La Clé d'Argent	A. Romagny.	428.	Capturés par les Canaques	J. Moselli.
369.	L'Homme Roux	A. Romagny.	429.	Les Diamants de l'Idole	J. Moselli.
370.	A Travers le Yunnan	G. Choquet.	430.	La Mission du Cardinal	J. Mahan.
371.	Le Défilé d'Enfer	G. Choquet.	431.	L'Évadé de la Bastille	J. Mahan.
372.	La Mine d'Or du Naufragé	J. Aleyrac.	432.	Au palais du roi de Siam	J. Mahan.
373.	Au fond du puits	J. Aleyrac.	433.	Face de Fer	J. Mahan.
374.	Le Trésor du Corsaire	D. Ramières.	434.	La Momie Verte	J. Frick.
375.	Jehan, le Frivolet	M. Savigny.	435.	Le Supplice de Tantale	R. Gatien.
376.	Le Reître Rouge	M. Savigny	436.	Les Dangers de la Forêt vierge	R. Gatien.
377.	Le Nain du Kingstown	R. Préval.	437.	L'Infernal Châtiment	R. Gatien.
378.	Les Morts Vivants	R. Préval.	438.	Martin Dallier, détective	Maxwel Scott.
379.	Le Bataillon de la Révolte	R. Préval.	439.	A la merci des flots	Maxwel Scott.
380.	La Main noire allemande	G. Mériel.	440.	Les Documents volés	Maxwel Scott.
381.	Les Geôles boches	G. Mériel.	441.	L'Étoile du Pendjab	Paul Darcy.
382.	Le Fils du Condamné	Pierre Gallien	442.	Le Sanctuaire des Honcas	Paul Darcy.
383.	L'Empreinte sanglante	Pierre Gallien.	443.	Le Capitaine Fière-Lame	S. Walkey.
384.	La Torpille aérienne	A. Romagny.	444.	L'Ile fantastique	S. Walkey.
385.	Chez les Pygmées	J. Aleyrac.	445.	Le Chemin du Trésor	S. Walkey.
386.	La Forêt souterraine	J. Aleyrac.	446.	Les Mystères de la mer de Corail	José Moselli.
387.	Passe-Partout, le petit Éclaireur	F. d'Argelles.			

www.ingramcontent.com/pod-product-compliance
Ingram Content Group UK Ltd.
Pitfield, Milton Keynes, MK11 3LW, UK
UKHW022139170726
13837UKWH00004B/1667